ブルーガイド
山旅
ルートガイド

尾瀬・日光・谷川岳

西田省三［著］

JN161157

ブルーガイド

Great Mountain Climbs

朝もやの中を歩き出す。一日のはじまり（尾瀬ヶ原）

長い稜線をただひたすらに歩く（谷川岳主脈）

山中に青い水をたたえていた（日光白根山）

幾重にも重なる山なみを眺める（中ノ岳）

山頂湿原で憩う（苗場山）

山頂で朝日を迎えた（谷川岳）

ブルーガイド

山旅ルートガイド

尾瀬・日光・谷川岳

もくじ

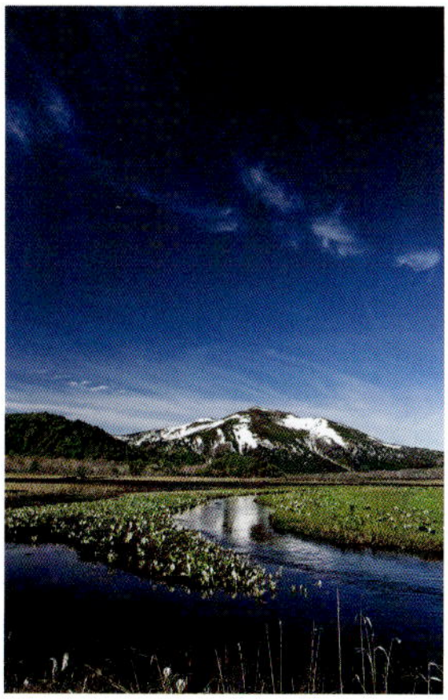

カバー写真
尾瀬・下ノ大堀川のミズバショウと至仏山

●本書に記載した交通機関、宿泊施設、水場とトイレその他のデータについては、2016年2月現在のものを使用しています。これらは変更される場合がありますので、事前に問い合わせるなど十分調査してからお出かけください。

289
福島県
会津下郷
会津鉄道
下郷町
会津田島
南会津町
津朝日岳
p.114 朝日岳
1896
1915
p.114 那須茶臼岳
七ヶ岳
1636
会津高原尾瀬口
36
会津駒ヶ岳
2133
荒海山
1581
檜枝岐村
野岩鉄道会津鬼怒川線
那須IC
帝釈山
2060
湯西川
黒磯板室IC
那須塩原市
西那須野塩原IC
那須塩原
高原山
1795
141
怒沼山
川治温泉
新藤原
大田原市
p.102
日光白根山
578
鬼怒川温泉
矢板
栃木県
矢板市
p.108
男体山
2486
東武鬼怒川線
東武日光
日光
中禅寺湖
今市
119
日光市
東北自動車道
日光宇都宮道路
日光線
122
海山
東北本線
足尾
東北新幹線
宝積寺
東武日光線
宇都宮IC
鹿沼市
鹿沼
宇都宮市
宇都宮
新鹿沼
鹿沼IC

小千谷市
小千谷
越後川口
越後川口IC
堀之内IC
只見線
小出
魚沼市
新潟県
小出IC
飯山線
浦佐
奥只見ダム
奥只見湖
十日町
北越急行線
十日町市
p.72,78 越後駒ヶ岳
2003
p.84 八海山
1778
p.78 中ノ岳
2085
南魚沼市
六日町IC
六日町
上越新幹線
越後田沢
津南
p.42 平ヶ岳
2141
塩沢石打IC
石打
p.90 巻機山
1967
飯士山
1112
405
p.28 燧ヶ
2356
越後湯沢
湯沢IC
湯沢町
奥利根湖
p.16 尾瀬沼・尾瀬ヶ原
2228
p.22 至仏山
p.96 苗場山
2145
p.48,54,66 谷川岳
p.60 平標山
1984
2026
1977
土合
p.60 仙ノ倉山
武尊山
2158
佐武流山
2192
三国山
三国峠
水上
水上IC
上毛高原
みなかみ町
沼田IC
120
沼田
沼田市
群馬県
昭和IC
関越自動車道
上越線
中之条町
中之条
長野原草津口
吾妻線
赤城山（黒檜山
1828
赤城IC
N
0 1:462,000 10km
渋川
渋川市

尾瀬・日光・谷川岳の概要

尾瀬の山

尾瀬《おぜ》とは群馬県、福島県、新潟県の3県にまたがる盆地状の高原で、周囲を山々に囲まれた日本有数の広さを誇る高層湿原とその山々を含めた地域の総称である。2007年に日光《にっこう》国立公園から分割され、独立した「尾瀬国立公園」という名でも知られているが、この場合は東の田代山《たしろやま》、帝釈山《たいしゃくざん》も含まれるために栃木県の一部にも及び、北側は会津《あいづ》駒《こま》ヶ岳《たけ》も同国立公園内になる。本書では尾瀬の山として、尾瀬沼、尾瀬ヶ原、至仏山《しぶつさん》、燧《ひうち》ヶ岳《たけ》、会津駒ヶ岳、国立公園外ではあるが近隣の平《ひら》ヶ岳《たけ》を加えて紹介している。

尾瀬の東側には標高2356mの燧ヶ岳とその火山堰止湖である尾瀬沼があり、その西側には日本最大の山岳湿原の尾瀬ヶ原が広がる。そして西端に標高2228mの至仏山がそびえている。上流部にあたる尾瀬沼から燧ヶ岳の南麓の沼尻《ぬしり》川に沿うように西へ道が続き、下った先の見晴《みはらし》で尾瀬ヶ原とつながっている。燧ヶ岳から御池《みいけ》に下り、北へと延びる尾根で大杉岳《おおすぎだけ》、大津岐山《おおつまたやま》を経て会津駒ヶ岳、中《ちゅう》門岳《もんだけ》へつながり、至仏山の北に延びる尾根は平ヶ岳へと続いている。

平ヶ岳をのぞいて一般的に登りやすい山が多く、とくに尾瀬沼、尾瀬ヶ原は整備された木道歩きが多いので、初心者でも気軽に楽しめる環境が整っている。

積雪量が多い山域にあたり、登山シーズンは標高1400mの尾瀬ヶ原でも例年5月下旬頃からとなる。秋は標高の高いところで10月上旬に雪が降る日があり、11月上旬に登山口への林道も閉鎖される。

谷川岳・越後の山

谷川岳《たにがわだけ》を中心とした谷川連峰は群馬県、新潟県の県境に位置し、谷川岳のほかに一《いち》ノ倉岳《くらだけ》、茂倉岳《しげくらだけ》、朝日岳《あさひだけ》、万太郎山《まんたろうやま》、仙《せん》ノ倉山《くらやま》、平標山《たいらっぴょうやま》などが名を連ねている。どの山も標高は2000m程度の山だが、本州の脊梁《せきりょう》山脈の一部にあたるこの山域は冬の日本海側の影響を直に受ける豪雪地帯で知られている。冬以外の季節は関東側の気象の影響も受けるため、季節が移り変わる時期を中心に、気象変化が非常に激しい山域である。

登山グレードが幅広いのが魅力のひとつで、谷川岳登頂を目的とした天神《てんじん》尾根

小至仏山から望む見下ろす尾瀬ヶ原と燧ヶ岳

や西端の平標山などは登山初心者でも楽しめる初級コースでありながら、周囲の山並みを歩く馬蹄形縦走コースや主脈稜線は中級以上の登山者向けとなっている。
　谷川連峰東側に位置する朝日岳から北へと続く上越国境稜線の先は巻機山《まきはたやま》へとつながっており、その稜線はさらに北東の丹後山《たんごやま》、利根川源流の大水上山《おおみなかみやま》を経て、越後駒《えちごこま》ヶ岳《たけ》へと延びている。本書では上越国境の巻機山、越後の山として越後三山もしくは魚沼《うおぬま》三山と呼ばれる越後駒ヶ岳、中《なか》ノ岳《だけ》、八海山《はっかいさん》に加え、新潟県と長野県の県境の苗場山《なえばさん》を紹介している。
　巻機山、越後駒ヶ岳、苗場山は日本百名山にも選ばれており、そこそこの体力が必要とされるが、登山道もよく整備されて人気が高い山だ。八海山はアクセスのよさから登山者が多いが、荒々しい岩峰が続く八《や》ッ峰《みね》の稜線はグレードが高く経験者向きとなる。中ノ岳は麓から標高差のある山で、越後駒ヶ岳からの縦走路も険しく長いために登山者は少ない。山中避難小屋での宿泊を余儀なくされるためにややグレードは高いが、展望はすばらしく、アルプスにも匹敵する迫力ある景観を楽しむことができる。

一ノ倉岳から見る荒々しい谷川岳の山容

日光・那須の山

　本書では栃木県の山の中でも日本百名山にも選定されている日光白根《にっこうしらね》山《さん》、男体《なんたい》山《さん》、那須岳《なすだけ》を紹介している。日光白根山と男体山は栃木県北西部に位置する日光連山に属し、那須岳は県北東部と福島県にまたがる那須火山帯の山である。那須岳は南北に延びる山々の総称で、ここでは最も人気の高い主峰の茶臼岳《ちゃうすだけ》と朝日岳《あさひだけ》を取り上げている。
　掲載している三山はアクセスがよく、週末を中心に多くの登山者に登られている。どの山も日帰りで登れるのが魅力で、展望もすばらしい。とくに日光白根山と那須茶臼岳はロープウェイもあり、手軽に山上から登山が始められる、初心者にもおすすめの山である。男体山は日帰りが可能だが、登る標高差もあって急登が続くので、体力に不安があるようなら麓の中禅寺《ちゅうぜんじ》湖で前泊し、翌日に余裕を持って登るのがよいだろう。
　一般的な登山適期としては、標高が高く積雪量もそこそこにある日光白根山が6月下旬頃から、男体山では5月下旬頃だと8合目以上の樹林帯で少し雪が残るので、心配であれば6月からがおすすめだ。那須茶臼岳は5月中旬から雪も消えて登ることができるが、朝日岳は剣《けん》ヶ峰《みね》東面の巻き道に遅くまで残雪があるので、完全に消える6月からがよいだろう。三つの山とも紅葉の見頃は10月初旬から中旬にかけてで、それ以降は雪が降ることもあるので、十分に注意して登山しよう。

本書の使い方

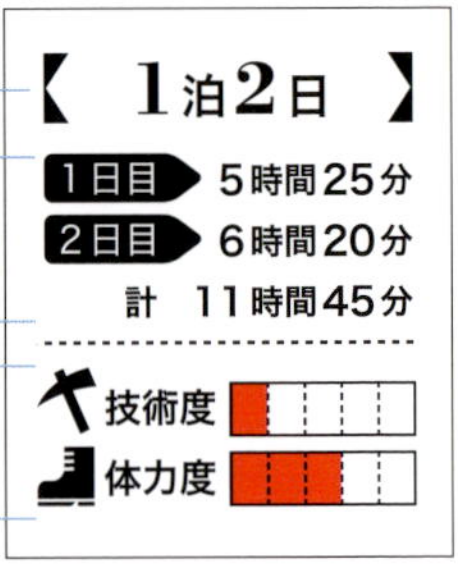

❶日程はコース中の山小屋および、登山口の山小屋に宿泊した際の、標準的な日程を紹介しています。

❷1日ごとのコースタイム合計

❸技術度と体力度はそれぞれ5段階で表示しています。体力度は、コースタイムを基準に、日程の長さや、岩場の歩行時間などを加味して調整しています。

技術度1＝整備された遊歩道や散策道を安全に歩ける
2＝指導標のある登山道を安全に歩ける
3＝歩きやすい岩場やザレ場を歩ける
4＝岩場やクサリ場、ハシゴを歩くための経験と技術がある
5＝長時間、歩行困難な岩場を歩く技術がある

体力度1＝コースタイムが3時間ほど
2＝コースタイムが3～6時間ほど
3＝コースタイムが6～8時間ほど
4＝コースタイムが8時間以上
5＝コースタイムが10時間以上

❹日程ごとのコースタイムを、コースの所要ポイントで区切って紹介しています。また、ほかのページで紹介しているコース部分は、参照ページを記しています。

❺解説コースを表した高低図です。縦軸は標高、横軸は水平距離を表しています。コース内での相対的な起伏を表現しているため、図中の傾斜の角度は実際の傾斜とは一致しません。

❻解説コースの概要を示した本文です。

❼コースの大まかな日程と、注意点、見どころ、登山口・下山口の情報をまとめています。

❽解説コースの山小屋と登山口情報の掲載ページを記しています。

❾絶景ポイントは解説コース中、美しい景色が見られるポイントやおすすめの休憩スポットなどを紹介しています。

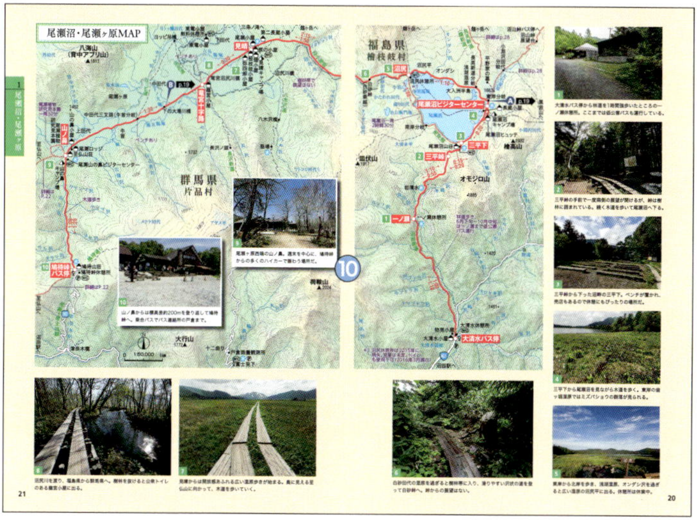

⑩解説コースの地図です。国土地理院発行の数値地図及び電子国土基本図をもとに作成した地図です。地図の周辺に配置した写真は、コースのポイントとなる場所です。

地図内の記号について

（赤い実線）	解説するコース
（薄い赤の実線）	ほかのページで解説しているコース
（破線）	本書では解説していない、そのほかの登山道
0:00→ ←0:00	コースタイム（時間:分）
1	地図の周りに配置した写真の番号。紫色の文字では、コース中の危険箇所や、ポイントとなる場所などを解説しています。
○ ▲	コースタイムを区切る地点
▲	山頂
（営業小屋の記号）	営業小屋、シーズン中に管理者が常駐する避難小屋
⌂	避難小屋、無人の山小屋
（キャンプの記号）	キャンプ指定地
水	水場
（バス停の記号）	バス停
Ⓟ	駐車場
WC	トイレ
●	地図で名称を示した地点
（一点鎖線）	県境
（細い一点鎖線）	郡市境、町村境

※そのほかの地図記号は国土地理院発行の数値地図及び電子国土基本図に準拠しています。

参考コースタイムについて

参考コースタイムは、無雪期に、30～50才の成人が山小屋に宿泊する際の装備で、歩くことを想定した所要時間です（休憩時間は含みません）。歩く速さには個人差があり、装備の内容や天候などによっても所要時間は異なりますので、あくまで目安としてください。普段の登山から、参考コースタイムと実際の歩行時間を比べて、ゆとりのある登山を計画するよう心がけてください。

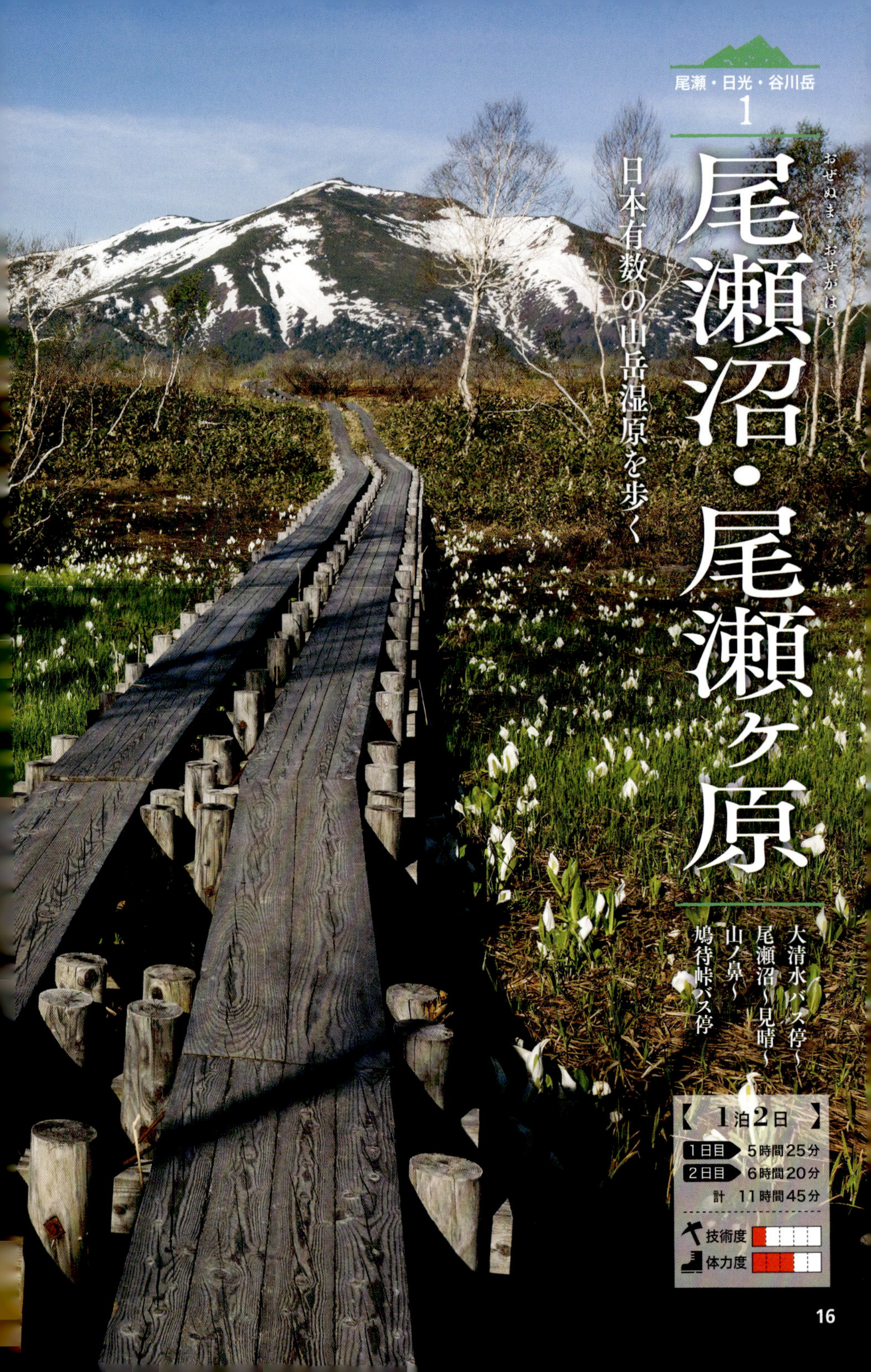

尾瀬沼《おぜぬま》・尾瀬ヶ原《おぜがはら》

日本有数の山岳湿原を歩く

大清水バス停～尾瀬沼～見晴～山ノ鼻～鳩待峠バス停

【1泊2日】

1日目	5時間25分
2日目	6時間20分
計	11時間45分

技術度

体力度

ミズバショウ咲く初夏の尾瀬ヶ原。時期によってさまざまな花が楽しめる、日本有数の広大な湿原だ。

尾瀬沼湖畔の三平下から眺める夏の燧ヶ岳。爽やかな風を感じながら、尾瀬沼一周の散策もおすすめ。

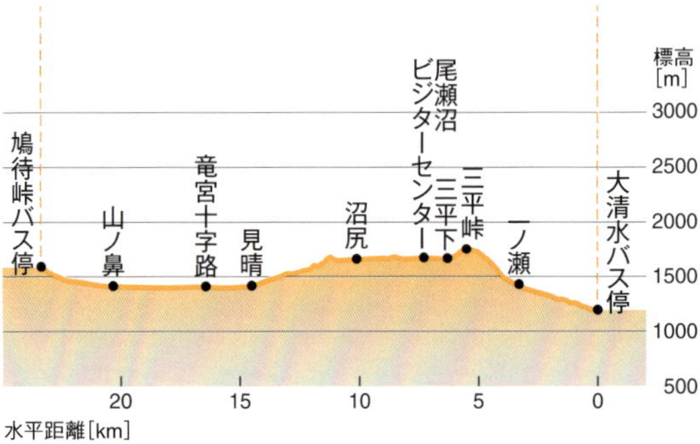

COURSE TIME

1日目：大清水バス停（1時間10分）一ノ瀬（1時間10分）三平峠（15分）三平下（20分）尾瀬沼ビジターセンター（尾瀬沼1周2時間30分）尾瀬沼ビジターセンター

2日目：尾瀬沼ビジターセンター（1時間10分）沼尻（1時間50分）見晴（30分）竜宮十字路（1時間30分）山ノ鼻（1時間20分）鳩待峠バス停

福島県、新潟県、群馬県の3県にまたがる尾瀬《おぜ》国立公園。ラムサール条約にも指定され、日本でも有数の山岳湿原として有名である。約650ヘクタールに及ぶ広大な湿原の尾瀬ヶ原と、燧《ひうち》ヶ岳《たけ》の噴火によって生まれた尾瀬沼がよく知られており、初夏から晩秋の入山シーズンは多くのハイカーで賑わう山岳景勝地だ。

尾瀬の魅力は湿原と周囲を取り囲む名峰、至仏山《しぶつさん》と燧ヶ岳の景観はもちろんのこと、雪融けから多種の花、紅葉といった大自然の四季の移ろいを手軽に楽しめるところにあるだろう。ハイキングコースの多くは木道が敷かれ、初心者でも安全に尾瀬の自然を楽しむことができる。

尾瀬の自然を満喫するには山中に宿泊して縦走するのがおすすめ。群馬県側の大清水から入山し、尾瀬沼から白砂《しらすな》峠を越えて見晴《みはらし》へ下り、尾瀬ヶ原を歩いていこう。尾瀬沼へはもっと手軽に入山できる福島県側の沼山《ぬまやま》峠コースもあるので、体力やアクセス環境で選ぶとよいだろう。

Spectacular Views

尾瀬沼・尾瀬ヶ原の**絶景**

湿原が黄色に染まる ニッコウキスゲの大群落

尾瀬沼のほとり、大江湿原では夏にニッコウキスゲの大群落が見られる。多年草なので当たり年とはずれ年があるが、例年7月20日前後が見頃。

A p.20

尾瀬といえばこの景色 ミズバショウと至仏山

初夏、ミズバショウの時期の定番スポットである中田代。ゆっくりと流れる下ノ大堀川とミズバショウの群落、至仏山の組み合わせはまさに絶景。

B p.21

尾瀬ヶ原東端の拠点である見晴には、6軒の山小屋とビジターセンター、キャンプ場がある。

池塘の横を沿うように歩く尾瀬ヶ原上田代。振り返ると燧ヶ岳が美しい。初夏のみならず、盛夏や秋もぜひ訪れたい。

PLANNING

大清水《おおしみず》バス停から一《いち》ノ瀬《せ》までは林道を歩く。すぐ先の登山口から樹林帯に入り、ゆっくりと標高を上げていく。沢を渡り、岩清水の水場を過ぎると少し勾配がきつくなり、南側の樹林が開けると三平《さんぺい》峠は近い。峠からはやや急な木道で、尾瀬沼湖畔の三平下へと下っていく。燧ヶ岳を眺めながら、広い木道で尾瀬沼東岸へ。初日は東岸の山小屋に泊まり、大江《おおえ》湿原や尾瀬沼の散策に出るのがよいだろう。

翌日は大江湿原の三本カラマツの横を歩いて沼の北岸を歩く。燧ヶ岳への長英《ちょうえい》新道の道を分けると小さな浅湖《あざみ》湿原を通り、沼尻平《ぬしりだいら》へ。やや開けた白砂田代《しらすなたしろ》から湿った沢状の道を登り、樹林の白砂峠からゆるやかに見晴へと下っていく。

見晴からは尾瀬ヶ原の長い平坦な木道歩きが続く。進行方向には至仏山、振り返ると燧ヶ岳のすばらしい景色が広がる。西端の拠点、山《やま》ノ鼻《はな》でゆっくり休憩したら、木道をゆるやかに登り返して鳩待《はとまち》峠へと向かう。

DATA

アクセス　大清水バス停、鳩待峠バス停、沼山峠バス停 [→p.124]

小屋情報　尾瀬沼、見晴、山ノ鼻の各山小屋 [→p.120、121、122]

大清水バス停から林道を1時間強歩いたところの一ノ瀬休憩所。ここまでは低公害バスも運行している。

三平峠の手前で一度南側の展望が開けるが、峠は樹林に囲まれている。続く木道を歩いて尾瀬沼へ下る。

三平峠から下った湖畔の三平下。ベンチが置かれ、売店もあるので休憩にもぴったりの場所だ。

三平下から尾瀬沼を見ながら木道を歩く。東岸の釜ッ堀湿原ではミズバショウの群落が見られる。

東岸から北岸を歩き、浅湖湿原、オンダシ沢を過ぎると広い湿原の沼尻平に出る。休憩所は休業中。

白砂田代の湿原を過ぎると樹林帯に入り、滑りやすい沢状の道を登って白砂峠へ。峠からの展望はない。

尾瀬沼・尾瀬ヶ原MAP

9 尾瀬ヶ原西端の山ノ鼻。週末を中心に、鳩待からの多くのハイカーで賑わう場所だ。

10 山ノ鼻からは標高差約200mを登り返して鳩待峠へ。乗合バスでバス連絡所の戸倉へ。

8 沼尻川を渡り、福島県から群馬県へ。樹林を抜けると公衆トイレのある龍宮小屋に出る。

7 見晴からは開放感あふれる広い湿原歩きが始まる。奥に見える至仏山に向かって、木道を歩いていく。

至仏山《しぶつさん》

尾瀬を代表する花の名山

鳩待峠バス停〜山ノ鼻〜
至仏山〜小至仏山〜鳩待峠バス停

【 1泊2日 】

1日目	1時間
2日目	5時間
計	6時間

技術度 ■■■□□
体力度 ■■■□□

稜線上の小至仏山から至仏山を振り返る。遠景には
尾瀬ヶ原と燧ヶ岳、会津駒ヶ岳を望むことができる。

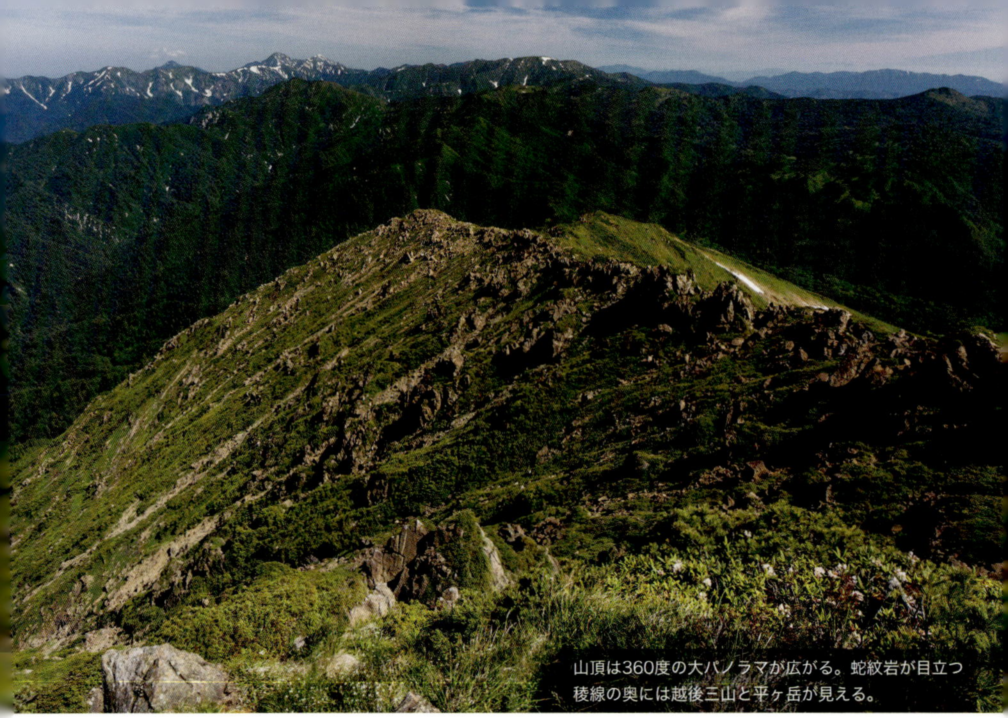

山頂は360度の大パノラマが広がる。蛇紋岩が目立つ稜線の奥には越後三山と平ヶ岳が見える。

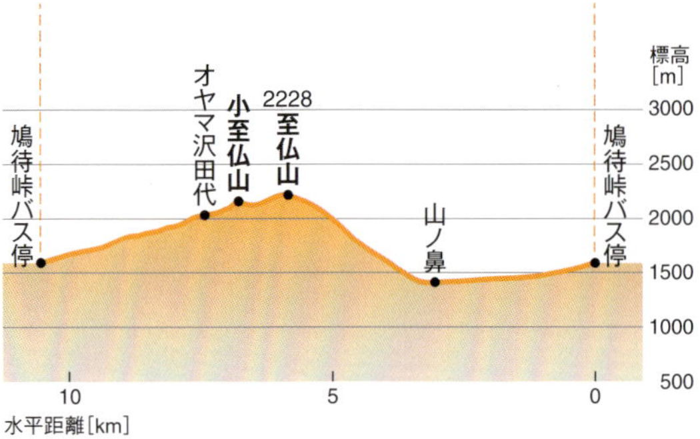

COURSE TIME

1日目：鳩待峠バス停（1時間）山ノ鼻

2日目：山ノ鼻（3時間）至仏山（30分）小至仏山（20分）オヤマ沢田代（1時間10分）鳩待峠バス停

尾《お》瀬《ぜ》を代表する山として、広大な湿原の西方にそびえる至仏《しぶつ》山《さん》。尾瀬ヶ原から眺めるゆったりとした優美な山容が印象的で、多種の高山植物が咲く山としても有名である。蛇紋岩《じゃもんがん》で形成された地質が特徴で、そのため固有種も多く咲く。展望もすばらしく、尾瀬ヶ原を眼下に一望でき、燧《ひうち》ヶ岳《たけ》をはじめ、周囲の山岳展望もすぐれている。

至仏山は、残雪期の5月の大型連休直後から6月いっぱいは植生保護の観点から登山禁止となっている。一般的な山開きは7月からとなるので注意しよう。

登頂するだけなら、鳩待《はとまち》峠から小至仏山経由の往復が最短コースだ。花期にお花畑を楽しみたい場合は東面登山道の高天《たかま》ヶ原《はら》が見どころなので周回コースがおすすめ。目的に応じて歩くコースを選ぼう。東面登山道を歩く場合は、初日は山《やま》ノ鼻《はな》に泊まり、尾瀬ヶ原の散策を楽しむとよいだろう。なお、東面登山道は植生保護と事故防止のため、山頂から山ノ鼻への下山利用は禁止されている。

Spectacular Views

至仏山の絶景

お花畑と展望が楽しめる登り専用の絶景コース

東面登山道は下山禁止コース。高天ヶ原のお花畑と見下ろす尾瀬ヶ原、燧ヶ岳の景色は一見の価値あり。ぜひ登りに利用してほしいコースだ。

A p.27

蛇紋岩に咲く至仏山の固有種 ホソバヒナウスユキソウ

蛇紋岩の風衝地に咲く固有種。至仏山と谷川岳周辺にしか見られない花で、葉が細長く、綿毛が濃いのが特徴。見頃は例年６月下旬から７月中旬。

B p.27

山頂からしばらくは、展望のよい岩稜帯を下っていく。赤城山や武尊山、谷川岳の景観を楽しみながらゆっくり歩こう。

笠ヶ岳への分岐で一旦樹林に囲まれるが、少し歩くと高層湿原のオヤマ沢田代で展望が広がる。

PLANNING

鳩待峠からは、明るい樹林の隙間から時折至仏山を眺めながら、川上川《かわかみがわ》沿いを下っていく。ヨセ沢を渡るとほぼ平坦な道で山ノ鼻へと至る。

山ノ鼻の至仏山荘前の広場から左手の植物研究見本園に向かう。すぐに周遊道の分岐に出て、左に道を取れば至仏山の東面登山口になる。登り始めはやや急だが、40分ほどで樹林を抜け、背後に燧ヶ岳の景色が見られるようになる。

次第に茶色の蛇紋岩が目立つようになり、中間点の看板を過ぎると、登山道の岩も大きくなってくる。蛇紋岩は非常に滑りやすいので、登りでもスリップには注意しよう。標高を上げると木製の階段の道が続き、花期であれば周囲には多種の高山植物が見られるようになる。ゆるやかな台地状の場所が高天ヶ原で、道なりに登っていくと至仏山山頂に出る。

山頂からは展望のよい岩稜が続き、小至仏山を過ぎると木道を歩くようになり、オヤマ沢田《た》代《しろ》の湿原を通って鳩待峠へと下っていく。

DATA

アクセス 鳩待峠バス停［→p.124］

小屋情報 鳩待山荘、山ノ鼻の各山小屋［→p.121、122］

山ノ鼻の尾瀬植物研究見本園から東面登山道に入る。樹林帯の木の階段で登り始める。

登山口から約40分ほどで視界が広がる。樹林を抜ければ、あとは登りながら展望が楽しめる。

中間点の看板を過ぎるころには顕著な蛇紋岩の登山道となる。滑りやすいので、特に雨の日は要注意。

高天ヶ原直下からは木製の階段が続く。周囲の花を楽しみながら山頂へと向かう、気持ちのよい道だ。

週末を中心に多くの登山者で賑わう至仏山山頂。展望を楽しみながら、ゆっくりと休憩しよう。

山頂からは蛇紋岩が目立つ稜線を下る。西側の展望が開け、谷川連峰の眺めが楽しめる。

一旦下ってから、小至仏山へ少し登り返す。花も多いところなので、登山道をはずれないように。

ゆるやかな木の階段を下って、オヤマ沢田代へと向かう。7月まで多くの残雪を見ることができる。

一度樹林帯に入るが、まだまだ展望は終わらない。また視界が開けて尾瀬ヶ原、燧ヶ岳が見える。

1867mのピークを南側から巻いていく。この南側の展望もすばらしく、木道が続いて歩きやすい。

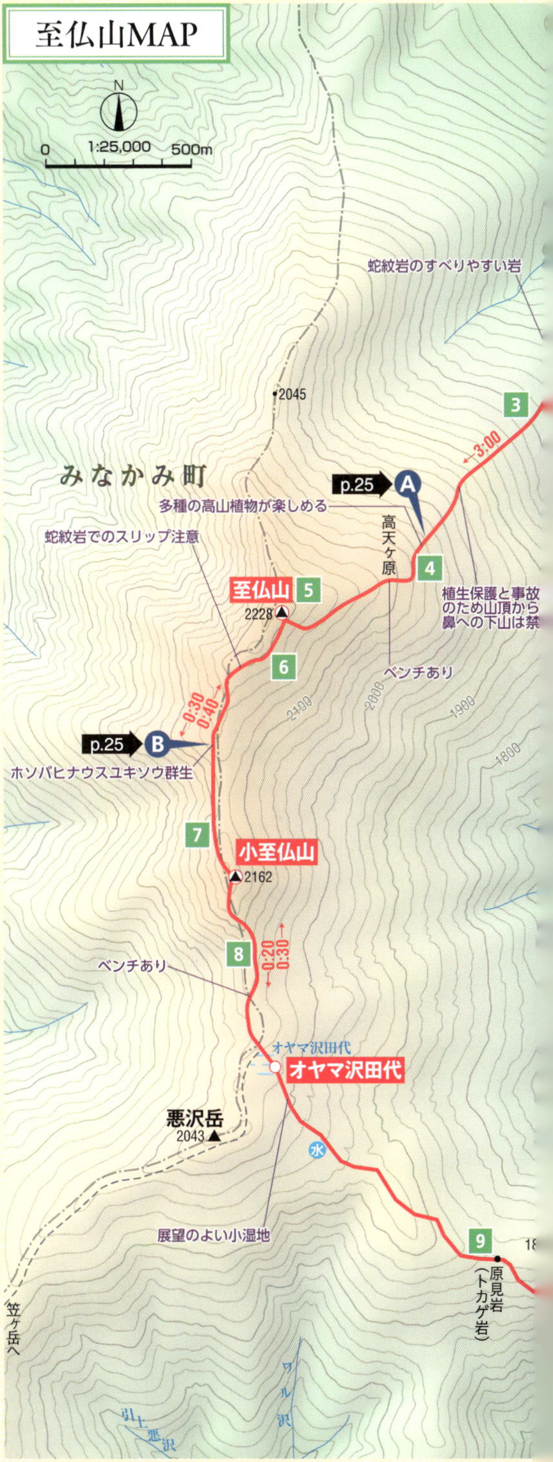

燧ヶ岳《ひうちがたけ》

尾瀬沼と尾瀬ヶ原を見下ろす展望の山

沼山峠バス停～長英新道～燧ヶ岳～熊沢田代～尾瀬御池バス停

【 1泊2日 】

1日目	1時間5分
2日目	6時間25分
計	7時間30分

技術度

体力度

三角点のある俎嵓から望む燧ヶ岳の最高峰の柴安嵓。展望もすばらしく、遠景に尾瀬ヶ原と至仏山が見える。

俎嵓から眼下には尾瀬沼の景観が広がり、その奥には男体山、日光白根山などの日光の山々が見渡せる。

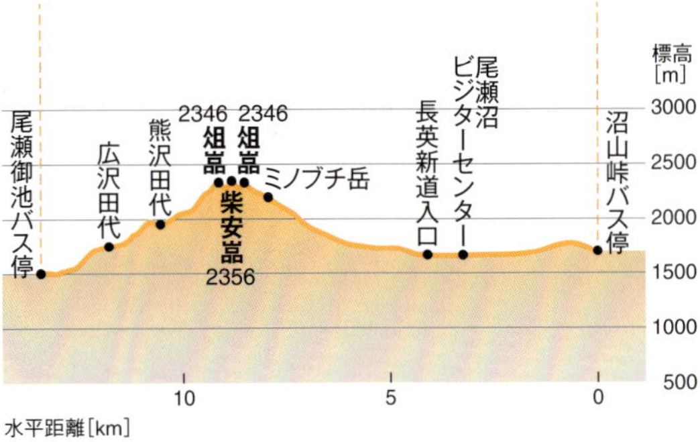

COURSE TIME

1日目：沼山峠バス停（1時間5分）尾瀬沼ビジターセンター

2日目：尾瀬沼ビジターセンター（15分）長英新道入口（2時間30分）ミノブチ岳（30分）俎嵓（20分）柴安嵓（20分）俎嵓（1時間10分）熊沢田代（35分）広沢田代（45分）尾瀬御池バス停

燧《ひうち》ヶ岳《たけ》は福島県に属する山で、東北地方の最高峰であり、日本百名山のひとつでもある山だ。山頂部は三角点のある俎嵓《まないたぐら》、最高峰の柴安嵓《しばやすぐら》、御池岳《みいけだけ》、赤ナグレ岳、ミノブチ岳の5つのピークからなり、西の至仏山《しぶつさん》に比べて荒々しい男性的な山容を作り上げている。

燧ヶ岳の荒々しい山容は火山活動によって生み出されたもので、流れ出た溶岩流などが川をせき止め、尾瀬沼、尾瀬ヶ原を作ったといわれている。

見どころはミノブチ岳や俎嵓から見下ろす尾瀬沼や、柴安嵓からの展望、熊沢《くまざわ》田代《たしろ》や広沢《ひろさわ》田代の山上湿原などがあり、登る前に尾瀬沼を散策すれば、より充実した山行になるだろう。

ここでは長英《ちょうえい》新道で登り、熊沢田代を通って御池《みいけ》へ下るコースを紹介している。長英新道の入口となる尾瀬東岸へは大清水《おおしみず》から歩いてもよいし、最短の沼山《ぬまやま》峠から入山してもよい。入山口は交通手段と相談して歩きやすい方を選択するとよい。

Spectacular Views

燧ヶ岳の**絶景**

尾瀬ヶ原を見下ろす展望台 最高峰の柴安嵓にも足を延ばそう

燧ヶ岳登頂という意味では三角点のある俎嵓だけでも十分だが、最高峰の柴安嵓も登っておきたい。こちらは尾瀬ヶ原の展望がすばらしい。

A p.33

ふたつの池塘がアクセント 美しい高層湿原を楽しもう

標高約2000mに位置する熊沢田代にはふたつの池塘があり、その間を木道が通っている。周囲の山岳展望もすばらしく、楽園のような景観だ。

B p.33

御池岳から俎嵓までは露岩の急斜面となるので、焦らずゆっくりと登ろう。ここを登り切れば俎嵓山頂だ。

ザレ場のトラバースに注意して標高を落としていく。眼下に熊沢田代の湿原が見える。右奥の山は会津駒ヶ岳。

PLANNING

初日は沼山峠から入山し、尾瀬沼へ。尾瀬沼東岸からはひと歩きで長英新道の入口分岐に着く。しばらくはぬかるみのある平坦な樹林帯を歩いていく。1合目から標識があるのでよい目安になるだろう。傾斜がきつくなると少しずつ視界が開け、尾瀬沼が見下ろせる。

ハイマツが見られるようになると一気に展望が開け、ミノブチ岳に出る。御池岳を右から巻いて、岩がちな砂礫の道を登って俎嵓山頂に着く。ぜひ最高峰の柴安嵓を往復してこよう。柴安嵓へは一度下って、急な道で登り返す。往復で約40分の道のりだ。

俎嵓からは灌木帯を下り、ザレ場をトラバースして標高を落としていく。ここから何度か涸れた沢を通り、急な斜面を下っていく。展望のよい開けた熊沢田代の木道を歩き、広沢田代まで下れば御池は近い。樹林帯の下り道は急で滑りやすいのでスリップに注意。平らな道に出れば、程なくして御池に到着する。

DATA

アクセス　沼山峠バス停［→p.124］、尾瀬御池バス停［→p.125］

小屋情報　尾瀬沼の各小屋、尾瀬御池ロッジ［→p.120、122］

尾瀬沼東岸から約15分のところにある長英新道への分岐。右に折れ、うっそうとした樹林に入っていく。

しばらくはゆるい登りが続く。樹林帯の道は、特に雨のあとはぬかるんでいることが多い。

4合目。傾斜が出てくると溝状の登山道となる。各合目に標識があるので、登るときの目安になる。

傾斜が出てきてからは比較的早いうちに展望も開ける。左手には尾瀬沼を見下ろせるようになる。

ミノブチ岳に着くと一気に視界が開ける。背後には尾瀬沼、前方には赤ナグレ岳と俎嵓が見える。

御池岳を右から巻くと、砂礫の急斜面となる。大きな岩も出てくるので、スリップに注意して登ろう。

俎嵓も多くの登山者で賑わっているが、平らで小広い柴安嵓が休憩におすすめ。

気持ちのよい湿原の熊沢田代。山上の高層湿原を楽しみながら、木道を歩いていく。

熊沢田代から一度樹林に入る。滑りやすい急な道を下っていくと、広沢田代の湿原に出る。

福島県側の拠点となっている御池。売店や休憩所ほか、尾瀬御池ロッジでは日帰り入浴もできる。

尾瀬で見られる花々

高山植物の代表種や、尾瀬でよく見られる花を17種集めました。

ニッコウキスゲ

ユリ科。花の大きさは直径5㎝ほど。別名ゼンテイカと呼ばれる。尾瀬ヶ原や大江湿原で群落が見られる。花期7～8月。

ミズバショウ

サトイモ科。尾瀬を代表する花だけあって、尾瀬ヶ原や尾瀬沼、鳩待峠～山ノ鼻など、いたるところで見られる。花期5～6月。

ヤナギラン

アカバナ科。葉の形が柳の葉によく似ていて、ランのような花を咲かせることからこの名が付く。大江湿原などで見られる。花期7～8月。

オゼミズギク

キク科。尾瀬ヶ原全域でよく見られ、ニッコウキスゲの後に尾瀬を黄色く彩る可憐な花。ミズギクの変種で、花の直径は3cmほど。花期7～9月。

カキツバタ

アヤメ科。アヤメに似ているが、アヤメは紫色に白や黄色の斑点もようが入り、カキツバタは紫色に白い筋が入る。尾瀬ヶ原で見られる。花期6～7月。

オゼコウホネ

スイレン科。茎を水から出して、黄色い花を咲かせる。花の直径は2cmほど。上田代、中田代などの池塘で見られる。花期7～8月。

サワギキョウ

キキョウ科。茎の先に濃い紫色の花をたくさん付ける。尾瀬沼や尾瀬ヶ原など、湿ったところでよく見られる。花期8月。

トモエソウ

オトギリソウ科。花びらがねじれて「巴」形になるため、この名が付いた。花の直径は5cmほど。尾瀬ヶ原の少し湿った草原で見られる。花期7～8月。

ジョウシュウアズマギク

キク科。花の大きさは３～4㎝ほど。アズマギクに比べ葉の幅が狭く、茎に毛が少ない。至仏山と谷川岳の草原のみで見られる。花期６～８月。

ワタスゲ

カヤツリグサ科。長い茎に 2cm ほどの綿状の穂を付ける。湿地に群生し、上田代や牛首分岐などでよく見られる。花期６～８月。

ヒツジグサ

スイレン科。午後２時ごろ（未の刻）に咲くという意味で名が付いた。実際は午前中から花が開く。上田代などの池塘で見られる。花期７～９月。

オゼソウ

サクライソウ科。至仏山で最初に発見されたため、この名前が付く。谷川岳でも見られる。日本特産の貴重な植物。花期６～８月。

タカネバラ

バラ科。花の大きさは直径 4cm ほど。海辺に咲くハマナスによく似た花で、ほのかに甘い香りがある。至仏山で見られる。花期７月。

ホソバヒナウスユキソウ

キク科。葉が細く、毛が細かくて密集するのが特徴。至仏山と谷川岳の蛇紋岩帯の草原や岩礫地のみで見られる。花期７～８月。

ハクサンシャクナゲ

ツツジ科。色は薄いピンクからやや濃いめのピンクまで。沼尻平や至仏山、特に燧ヶ岳山頂付近などで見られる。花期６～８月。

イワイチョウ

ミツガシワ科。葉がイチョウに似ている事からこの名が付く。至仏山の草原の、やや湿ったところで見られる。花期７～８月。

タカネシオガマ

ハマウツボ科。赤紫色の花が花房状に密生し、花は下部が３つに分かれて見える。至仏山の草原で見られる。花期7～9月。

会津駒ヶ岳《あいづこまがたけ》

高層湿原が広がる天空の楽園

駒ヶ岳登山口バス停〜会津駒の小屋〜会津駒ヶ岳〜中門岳〜大津岐峠〜キリンテバス停

【 1泊2日 】

1日目	3時間30分
2日目	6時間15分
計	9時間45分

技術度

体力度

駒の小屋目の前にある駒ノ池と会津駒ヶ岳。山頂部は湿原が広がっており、なだらかな稜線が続く。

会津駒ヶ岳から中門岳へと続く稜線。高層湿原が広がり、池塘が点在する雲上の楽園だ。

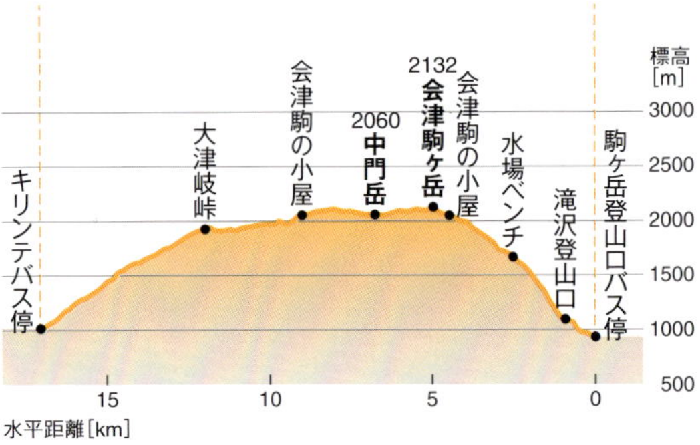

COURSE TIME

1日目：檜枝岐村駒ヶ岳登山口バス停（30分）滝沢登山口（1時間30分）水場ベンチ（1時間30分）会津駒の小屋

2日目：会津駒の小屋（20分）会津駒ヶ岳（50分）中門岳（50分）会津駒ヶ岳（15分）会津駒の小屋（1時間40分）大津岐峠（2時間20分）キリンテバス停

尾《お》瀬《ぜ》北側の玄関口である福島県檜枝岐村《ひのえまた》の山で、燧《ひうち》ヶ岳《たけ》の北側にそびえる会《あい》津《づ》駒《こま》ヶ岳《たけ》。至仏山《しぶつさん》、燧ヶ岳と同様、百名山のひとつに数えられている。尾瀬の山々から望むとのっぺりした山に見え、これという特徴がない山容だが、山頂部は広大な湿原となっており、池塘が点在する雲上の楽園を求めて、夏、秋ともに多くの人が訪れる山だ。

会津駒ヶ岳の山頂は樹林が茂って展望がせまいが、山上池の駒ノ池周辺や北側の中門岳《ちゅうもんだけ》まで広がる高層湿原はすばらしい展望で、尾瀬や越後、日光《にっこう》連山、飯豊《いいで》連峰まで見渡すことができる。湿原は高山植物が豊富で、ハクサンコザクラやコバイケイソウ、チングルマなどが多く見られる。夏だけでなく、湿原一面に草紅葉広がる秋もおすすめだ。

麓の檜枝岐村の民宿に前夜泊して、日帰りで往復することも可能だが、中門岳周辺や富士見林道の湿原歩きも魅力的なので、周回コースで駒の小屋に1泊し、キリンテへ下山するのがおすすめだ。

会津駒ヶ岳の**絶景**

まさに雲上の楽園 展望湿原を堪能しよう

鏡のような中門大池も美しいが、その先の中門岳山頂は美しい池塘が点在する湿原台地となっている。周囲は開けていて眺めもすばらしい。

A p.41

山頂往復だけじゃもったいない 絶景が続く周回ルートがおすすめ

駒の小屋から大津岐峠へ続く富士見林道も快適な湿原歩きが楽しめる。南側の展望がよく、日光連山や燧ヶ岳の眺めがすばらしい。

B p.41

樹林帯を抜け出ると山頂部の湿原になり、広がりのある景色を楽しみながら駒の小屋へと向かう。

駒ノ池周辺、会津駒ヶ岳から中門岳の湿原では、ハクサンコザクラが群生している。見ごろは例年7月下旬。

PLANNING

駒ヶ岳登山口バス停から滝沢橋手前の林道をしばらく歩く。途中林道をショートカットし、駐車場の先の滝沢登山口から登山道が始まる。

しばらくは急登が続くので、焦らずゆっくりと登っていこう。ブナやミズナラの樹林を進み、ベンチのある水場の広場に出る。

水場を過ぎるとシラビソやダケカンバの樹林となり、尾根の勾配も徐々にゆるんでくる。樹林帯を抜けると木道の敷かれた湿原に出て、展望が開ける。池塘を眺めながらゆるやかな登りで駒の小屋に到着する。

翌朝、駒ノ池を通り、湿原をゆるやかに登って会津駒ヶ岳へ。山頂を踏んだら中門岳への道を取り、木道を下っていく。7月いっぱいは残雪もあり、爽やかな高層湿原が広がっている。

駒の小屋に戻り、大津岐《おおつまた》峠へ。ハシゴやザレ場もあるが、歩き始めに通過してしまえば、あとは快適な湿原歩きが続く。大津岐峠からキリンテまでの道も整備されていて歩きやすい。

DATA

アクセス 駒ヶ岳登山口バス停、キリンテバス停［→p.125］

小屋情報 会津駒の小屋［→p.122］

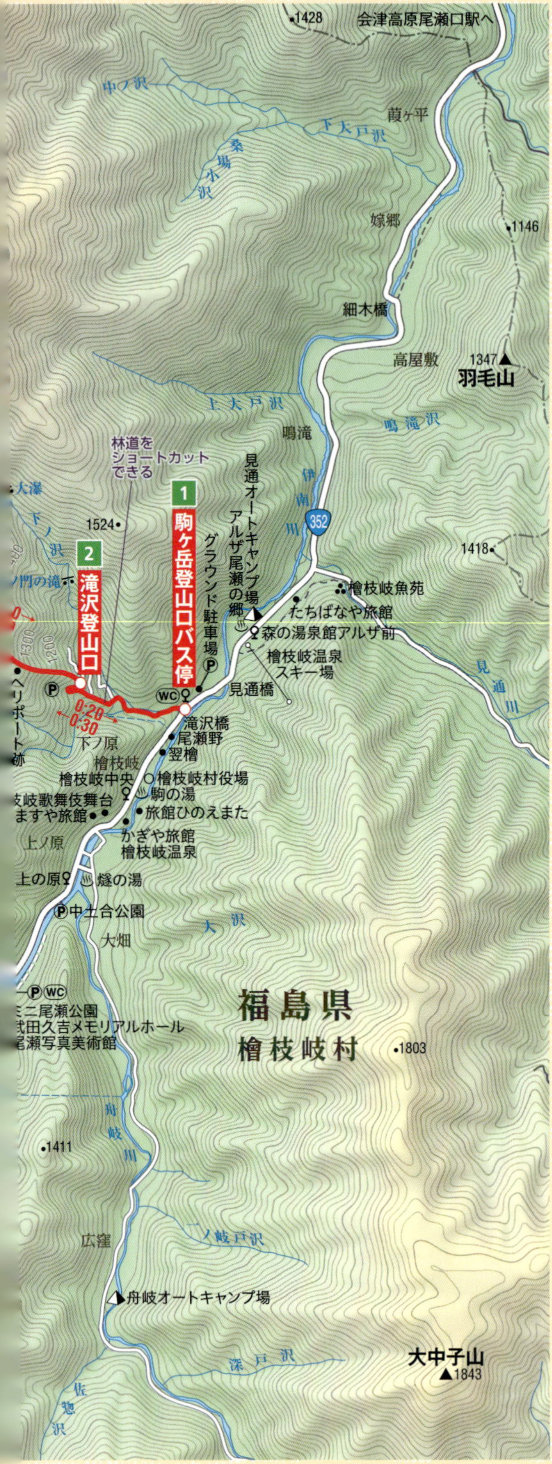

国道375号の駒ヶ岳登山口バス停から道を右に折れる。歩いてすぐのところに公衆トイレあり。

しばらく林道を歩き、階段が目印の滝沢登山口へ。マイカーはすぐ下の駐車場を利用できる。

ベンチのある水場休憩ポイント。左手に下り口あり、急な道で約2分のところに水場がある。

樹林帯を抜けるとすぐに木道歩きになり、ベンチがある。駒の小屋が見え、右のピークが会津駒ヶ岳だ。

平らな小湿原をゆるやかに登り、駒ノ小屋へ。目の前の駒ノ池を眺めながら、ゆっくりと休憩を取ろう。

背の高い笹やシラビソに覆われた会津駒ヶ岳山頂。尾瀬方面の展望が開ける。

気持ちのよい湿原を歩き、中門岳へ。頂上の手前に「中門岳」の標柱の立つ中門大池がある。

富士見林道で駒の小屋から大津岐峠へ向かう。展望を楽しみながら池塘が点在する湿原を進もう。

日光連山や燧ヶ岳、至仏山、富士山も遠望できる大津岐峠。周囲はハクサンコザクラの群生地として有名。

国道352号に面したキリンテ登山口に出る。ここから3分ほど歩くとキャンプ場とバス停がある。

平ヶ岳《ひらがたけ》

池塘が点在する利根川源流域の最高峰

鷹ノ巣バス停～台倉山～姫ノ池～平ヶ岳(往復)

【前夜泊日帰り】
12時間
技術度
体力度

池ノ岳にたどり着くと高層湿地帯となり、水をたたえた大きな姫ノ池に出る。奥のなだらかな山が平ヶ岳だ。

長い尾根歩きだが展望スポットが多く、飽きのこない登山が楽しめる。南東の燧ヶ岳の眺めがとくにすばらしい。

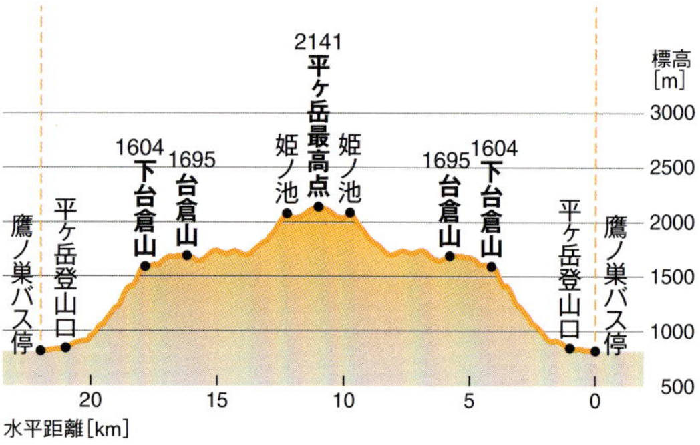

COURSE TIME

鷹ノ巣バス停（25分）平ヶ岳登山口（2時間20分）下台倉山（1時間）台倉山（2時間20分）姫ノ池（40分）平ヶ岳最高点（40分）姫ノ池（1時間50分）台倉山（50分）下台倉山（1時間30分）平ヶ岳登山口（25分）鷹ノ巣バス停

日本百名山のひとつである平《ひら》ケ岳《たけ》。尾瀬《おぜ》・至仏山《しぶつさん》の北方に位置する山で、山頂の稜線は新潟県魚沼市と群馬県みなかみ町の県境に位置している。群馬県側は利根川の源流部にあたり、非常に山奥深いところにある秘境の山だ。

山頂部はその名のとおり、平らかでゆるやかな稜線が広がっている。池塘が点在する高層湿原では湿原植物が多く見られ、手前の池ノ岳にある姫ノ池や、不思議な形の岩の玉子石など、見どころもたくさんだ。

ただし、この山には麓にしか山小屋がなく、山中の野営も禁止されている。歩く距離が長いが日帰りに限定されているため、健脚者向きの山である。登り始めのやせ尾根の急登以外、歩きにくいところはないが、長時間歩ける体力を要する。

一般的には、麓の鷹《たか》ノ巣《す》の山小屋に前夜泊して、早朝から登り始めて日帰りで山頂を往復するプランになる。非常に歩行時間が長いので、下山後に麓でもう1泊予備日をとっておくと安心だ。

Spectacular Views

平ヶ岳の絶景

美しい湿原に立つ 不思議な形の花崗岩、玉子石

平ヶ岳のシンボルともいえる玉子石は、ふたつが重なってできたのではなく、ひとつの岩が風化してできたもの。付近の庭園風の景色が美しい。

A p.47

平ヶ岳最高点まで進めば 行き止まりにある絶景ビュースポット

木道は三角点から先に続いており、雨量計アンテナの立つあたりが平ヶ岳の最高点となる。ここにも池塘が点在し、越後三山の眺めがよい。

B p.47

登山口からほどなくして樹林帯を抜けるが、やせた尾根の急登が下台倉山まで続く。下りはスリップに注意しよう。

木道が敷かれた三角点のある平ヶ岳山頂。眺めもよく、ゆっくり休憩を取るにはぴったりの場所だ。

PLANNING

国道沿いの登山口からしばらく林道を歩き、水場の下台倉《しもだいくら》沢を渡る。再び林道を進み、標柱の立つところから登山道へ入る。灌木帯を登り、すぐに展望が開けるが、やせ尾根の急登が始まる。途中、ザレた砂礫のやせ道や、ロープのある急な斜面もあるので、焦らずゆっくりと登っていこう。急登が終わると下台倉山に到着する。

下台倉山からはなだらかな道で、台倉《だいぐら》山を越えるといったん樹林帯に入る。ときどき木道を歩きながら、ぬかるんだ道で台倉清水、白沢清水を過ぎる。白沢清水の先で樹林帯を抜け、展望のよい笹道で池ノ岳へと向かう。

池ノ岳の山頂部は湿原となっており、大きな姫ノ池が美しい。ここからは木道歩きで平ヶ岳山頂を目指す。余裕があれば先に玉子石を往復してもよいだろう。池ノ岳と平ヶ岳の鞍部に下り、登り返して山頂に到着する。

長丁場の登山になるので、とくに暑い夏は水分をこまめに補給しておきたい。

DATA

アクセス 平ヶ岳登山口バス停、鷹ノ巣バス停 [→p.125]

小屋情報 清四郎小屋 [→p.122]

国道352号沿いにある平ヶ岳登山口。約20台停められる駐車場がある。できるだけ早めに出発しよう。

林道歩きで始まり、10分ほどで下台倉沢を渡る。必要な場合はここで水を汲んでいく。

すぐに展望は開けるが、やせ尾根の急登が始まる。急坂のまま、下台倉山まで登っていく。

下台倉山で急登から解放され、落ちついた登山道になる。北側は樹林だが、南側の展望は開けている。

小さなアップダウンを繰り返して台倉山へ。標柱はなく、山頂に三角点のみの山頂。展望はよい。

一度樹林帯に入り、雰囲気のよいコメツガ林を歩く。夏以降はこのあたりの水場はあまりあてにできない。

平ヶ岳MAP

10 山頂のウッドデッキから少し北側の樹林に三角点がある。展望はウッドデッキか最高点がよい。

9 広い湿原が広がる姫ノ池分岐。直進すると平ヶ岳山頂へ向かい、右に折れると玉子石へ行く。

8 奥に平ヶ岳が見えるようになると池ノ岳までもうすぐだ。砂礫のザレ場を通過して、池ノ岳へ向かう。

7 白沢清水を過ぎると樹林帯を抜け、展望のよい笹の尾根が続く。道は歩きやすい。

尾瀬・日光・谷川岳

6

谷川岳《たにがわだけ》（天神尾根《てんじんおね》）

ロープウェイ利用で手軽に登れる人気コース

天神平～熊穴沢避難小屋～谷川岳トマノ耳～オキノ耳（往復）

【日帰り】

4時間30分

技術度 ■■■□□

体力度 ■■■□□

天神平付近から仰ぐ夏の谷川岳。左の尾根が初心者コースの天神尾根で、右の尾根が西黒尾根だ。

トマの耳から望むオキの耳の迫力ある景観。オキの耳の方が高いので、ぜひ往復してこよう。

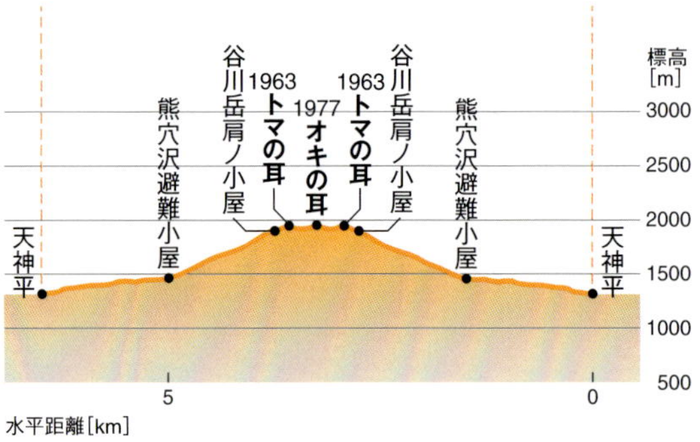

COURSE TIME

天神平（45分）熊穴沢避難小屋（1時間25分）谷川岳肩ノ小屋（10分）トマの耳（10分）オキの耳（10分）トマの耳（5分）谷川岳肩ノ小屋（1時間5分）熊穴沢避難小屋（40分）天神平

岩登りで有名な山として知られ、かつては「魔の山」と恐れられた谷川岳《たにがわだけ》だが、一般登山道である天神《てんじん》尾根は初心者にもおすすめのコースで、週末を中心に多くの登山者で賑わっている。

新潟県と群馬県の県境に位置し、麓には上越線、上越新幹線が通っているためにアクセスがよく、関東近郊の日帰りできる日本百名山のひとつとしてよく登られている。都心からは近場でありながら、迫力あるダイナミックな景観、山頂からの大パノラマ、稜線を彩る高山植物など、見どころも満載だ。ちょっとした岩場はあるが、全体を通して歩きやすい天神尾根コースは、低山歩きからのステップアップとしてもちょうどよいだろう。

谷川岳は双耳峰の山で、山頂はトマの耳、オキの耳のふたつのピークがある。標高が高いのは北側のオキの耳なので、トマの耳から往復しておこう。また、谷川岳は豪雪地帯にあって残雪も多く、一般的には6月末頃からが登山シーズンとなる。

Spectacular Views

谷川岳の**絶景**

山頂で迎える日の出 ゆっくり小屋泊もおすすめ

日帰りできる山だが、トマの耳山頂直下に小屋があるので、泊まって朝夕の景色を楽しむのもおすすめ。夜は星空と遠くの夜景がきれい。

A p.53

スリル満点の絶景! 少し足を延ばして岩壁鑑賞へ

余裕があればオキの耳から約20分の「ノゾキ」まで行って、谷川岳を代表する岩壁、一ノ倉沢を俯瞰しよう。一気に切れ落ちる景色は迫力満点。

B p.53

5月下旬の天神平と谷川岳。荒々しい山容が特徴の山だ。豪雪地帯でもあるので、標高は高くないが残雪が多い。

トマの耳直下から振り返る天神尾根。山頂の展望はすばらしく、空気が澄んでいれば富士山や北アルプスも見える。

PLANNING

天神平からリフトの横を通り、右手の巻道に入る。リフトを利用して天神峠から歩き始めてもよいが、少し下って登り返すのであまり時間は変わらない。歩き始めはゆるやかな登りで尾根の右側を巻いて、赤い屋根の熊穴沢《くまあなざわ》避難小屋に出る。

避難小屋を過ぎると本格的な登山路となる。少し進むと急な岩場の登りとなり、クサリが架かった場所もある。岩が滑りやすいので、下山時に不安があればクサリを利用して慎重に歩こう。展望が開け、しばらく尾根を登ると天狗の留《と》まり場と呼ばれる大きな露岩に出る。

天狗の留まり場からは山頂部に見える指導標の鉄塔を目指して笹原の斜面を登る。登り切ると左手が谷川岳肩《かた》ノ小屋、直進がトマの耳へ向かう分岐で、10分ほどで山頂に到着する。

山頂から北側に見えるのがオキの耳で、トマの耳よりも高い。双耳峰の山なので、両方に登っておきたい。トマの耳から約10分の距離だ。

DATA

アクセス　谷川岳ロープウェイ駅バス停 [→p.125]

小屋情報　谷川岳肩ノ小屋、熊穴沢避難小屋 [→p.122]

谷川岳MAP

天神平からの登り始めに急なところはなく、ゆるやかな登りが続く。ウォーミングアップにぴったり。

熊穴沢のトラバースにクサリ場がある。道は整備されているので、無理にクサリを使うほどではない。

樹林に囲まれた熊穴沢避難小屋。トイレはなく、休憩で利用できる。ここから本格的な登りになる。

避難小屋を過ぎると岩がちの道になり、勾配も急になる。足元を確認して落ち着いて登っていこう。

岩場が多くなってくる。東側が切れ落ちているところもあるので、あまり寄らないように。

露岩の天狗の留まり場。展望もよく、ここで休憩している登山者も多い。

谷川岳肩ノ小屋までは笹尾根のゆるやかな登り。足元の岩は滑りやすいので、特に下りは気をつけよう。

谷川岳肩ノ小屋からトマの耳はひと登りだ。小屋前は広場になっているので、休憩にもちょうどよい。

方位盤のあるトマの耳山頂。周囲の展望もよく、とくにオキの耳や谷川主脈の景観が目を引く。

トマの耳より少し高いオキの耳山頂。奥には一ノ倉岳、茂倉岳へと続く稜線が見える。

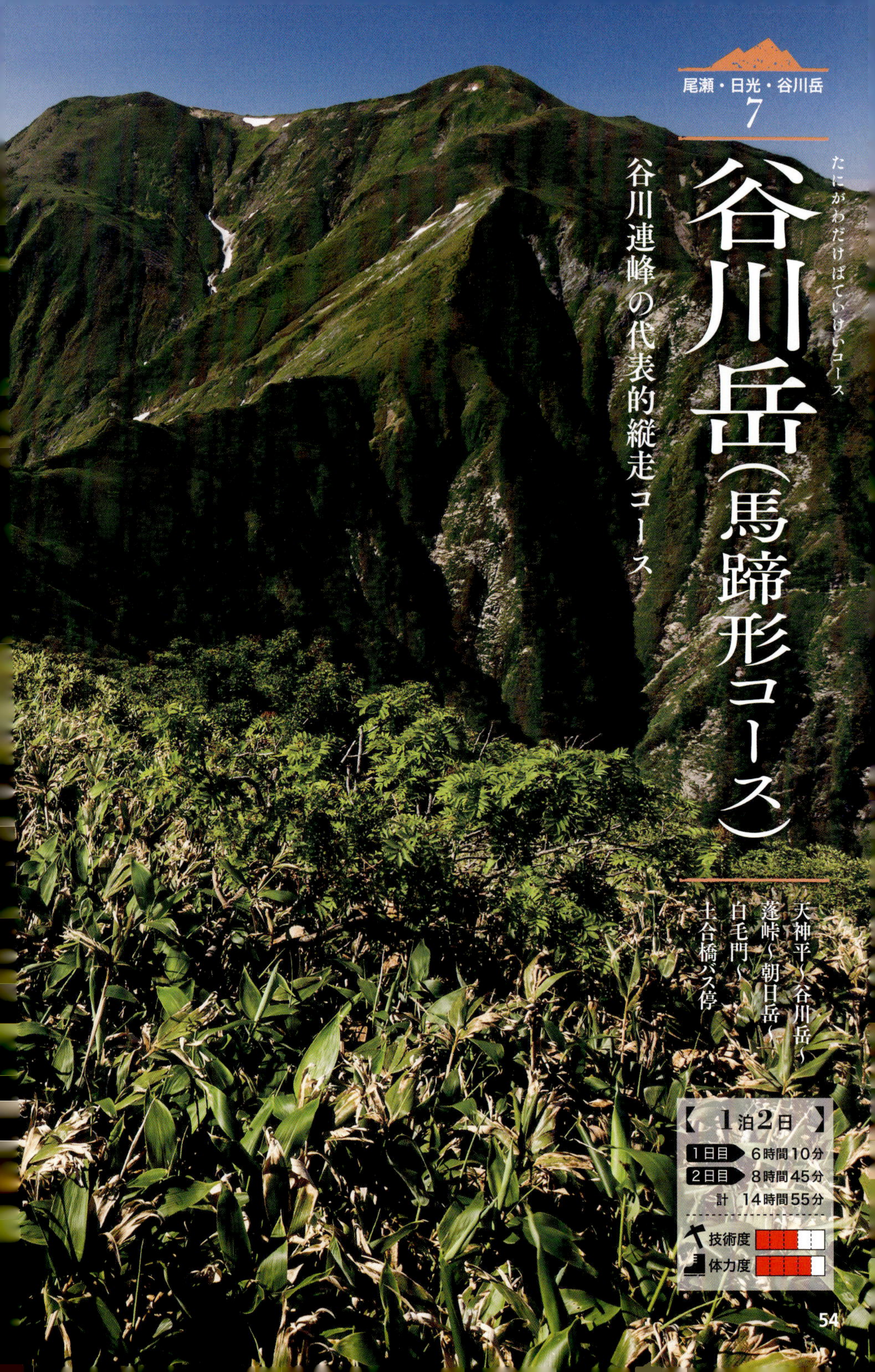

谷川岳《たにがわだけ》（馬蹄形コース《ばていけいコース》）

谷川連峰の代表的縦走コース

天神平〜谷川岳〜
蓬峠〜朝日岳〜
白毛門〜
土合橋バス停

【 1泊2日 】

1日目	6時間10分
2日目	8時間45分
計	14時間55分

技術度 ■■■□□
体力度 ■■■■□

武能岳山頂から望む一ノ倉岳と茂倉岳。コースを通して
ダイナミックな山岳景観を楽しめるのが魅力だ。

笠ヶ岳から見る荒々しい山容の谷川岳。左が谷川岳、岩壁の一ノ倉沢をはさんで一ノ倉岳と茂倉岳となる。

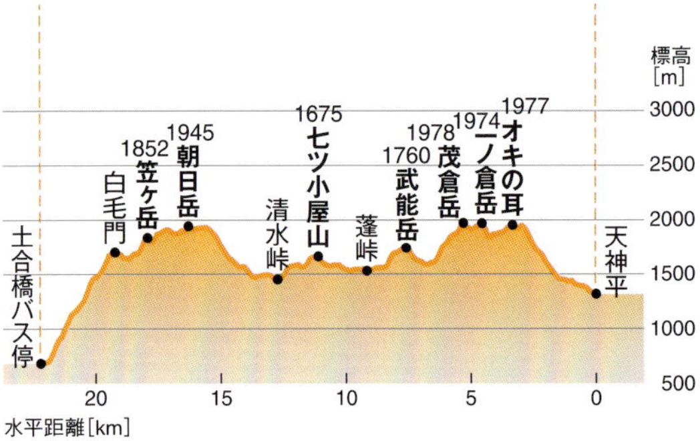

COURSE TIME

1日目：天神平（2時間30分［→p.48］）オキの耳（50分）一ノ倉岳（20分）茂倉岳（1時間40分）武能岳（50分）蓬峠

2日目：蓬峠（1時間10分）七ツ小屋山（50分）清水峠（2時間25分）朝日岳（1時間10分）笠ヶ岳（45分）白毛門（2時間25分）土合橋バス停

利根川水系の湯檜曽《ゆびそ》川を囲む山並みが馬の蹄に似ているところから馬蹄形と名付けられ、あこがれをもって親しまれている谷川《たにがわ》連峰の人気縦走コース。日本百名山のひとつである谷川岳の登頂、笹原の気持ちよい稜線歩きが楽しめる蓬《よもぎ》峠、朝日《あさひ》岳の高層湿原など、見どころがたくさんあり、歩き甲斐のあるコースだ。

縦走におすすめなのは、多くの花が見られる7月上旬から中旬、黄金色の草紅葉とツツジの紅葉が美しい9月下旬から10月中旬だ。特に秋は空気も澄んで展望がよい。

なお、本来の伝統的な谷川岳馬蹄形縦走は土合《どあい》から白毛門《しらがもん》へ登り、清《し》水《みず》峠、谷川岳を経て西黒《にしぐろ》尾根を下るハードなコースである。しかしこのコースで歩くと、少人数しか収容できない清水峠の避難小屋に泊まらなければならないため、ここでは天神《てんじん》尾根から逆走するコースで蓬ヒュッテに泊まる日程を紹介している。閑散時に登るなら、伝統ルートに挑戦してみるのもよいだろう。

Spectacular Views

谷川岳の絶景

縦走中随一の景観
谷川連峰を望む最高の展望台

蓬ヒュッテから約1時間の七ッ小屋山から見る谷川連峰がとくにおすすめ。蛇行する尾根の向こうに谷川岳から平標山までの山が屏風のように並ぶ。

A p.59

迫力の一ノ倉沢大岩壁
対面からの絶景ビューポイント

縦走最後の大きなピーク、白毛門から南に下った松ノ木沢ノ頭が絶景ビューポイント。荒々しい垂直の壁を真正面で眺められる最高の場所だ。

B p.58

ノゾキから一ノ倉岳への登りから振り返る谷川岳。豪雪によって作られた非対称山稜がよくわかる。

武能岳からは気持ちのよい笹尾根が続く。展望を楽しみながら、笹原に建つ蓬ヒュッテへと向かう。

PLANNING

天神尾根の詳細はp.48を参照。オキの耳からクサリのある滑りやすい岩場に注意しながら下り、ノゾキを過ぎて一《いち》ノ倉岳《くらだけ》へ登り返す。小さな避難小屋のある一ノ倉岳から湿地帯に下り、茂倉岳《しげくらだけ》へ。茂倉岳から下り始めはゆるやかだが、岩峰を左から巻くと、笹平《ささだいら》へ向かって一気に標高を落としていく。岩混じりの笹平から登り返し、急傾斜の登山道で武能岳《ぶのうだけ》へと向かう。武能岳からは笹原の稜線を下り、蓬峠へ。蓬ヒュッテは要予約の小屋で、初日はここに泊まる。

翌日は早めの出発を心がけたい。展望のよい小湿地を通り、1時間強で七《なな》ッ小《ご》屋《や》山《やま》へ。下ってすぐに大源《だいげん》太《た》山《さん》への分岐を過ぎ、冬路《とうじ》ノ頭《かしら》から清水峠へ一気に下る。清水峠からは鉄塔に向かって登り返し、ガレ場を過ぎると朝日岳の湿原は近い。大《おお》烏帽子《えぼし》、小《こ》烏帽子はガレに注意して歩き、笠《かさ》ヶ岳《たけ》を過ぎて白毛門へ。白毛門からは長く急な下りなので、体力を残しておきたい。

DATA

アクセス　谷川岳ロープウェイ駅バス停［→p.125］、土合橋バス停［→p.126］

小屋情報　熊穴沢避難小屋、谷川岳肩ノ小屋、一ノ倉岳避難小屋、蓬ヒュッテ、清水峠白崩避難小屋、笠ヶ岳避難小屋［→p.122］

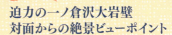

1 オキの耳から一旦下り、一ノ倉岳へ登り返す。クサリ場もあり、岩も滑りやすいので注意して歩こう。

2 一ノ倉岳から小湿地を歩き、茂倉岳へ。谷川岳の眺めもよく、小広い山頂は休憩にもおすすめだ。

3 茂倉岳からちょっとしたガレ場に注意しながら下る。かなり下るので、武能岳へはきつい登りとなる。

4 笹原が広がる小湿地の蓬峠。夏はニッコウキスゲが咲き、さながら楽園のよう。初日はここに泊まろう。

5 なだらかな稜線歩きで七ッ小屋山へ向かう。2日目は長いので、なるべく早めの出発を心がけよう。

避難小屋の建つ清水峠。大きい三角屋根の建屋はJR送電線監視所で、避難小屋は右の小さい方だ。

傾斜湿原が広がる朝日岳山頂部。山頂周辺では6月下旬にホソバヒナウスユキソウが多く見られる。

小烏帽子から下り、特徴的な形の笠ヶ岳へ登り返す。笠ヶ岳山頂直下には小さな避難小屋がある。

縦走最後の大きなピークの白毛門山頂。土合側の山頂直下は岩場になっているので注意して下ろう。

下った土合橋の駐車場。ここからすぐの国道291号に出ると目の前に土合橋バス停がある。

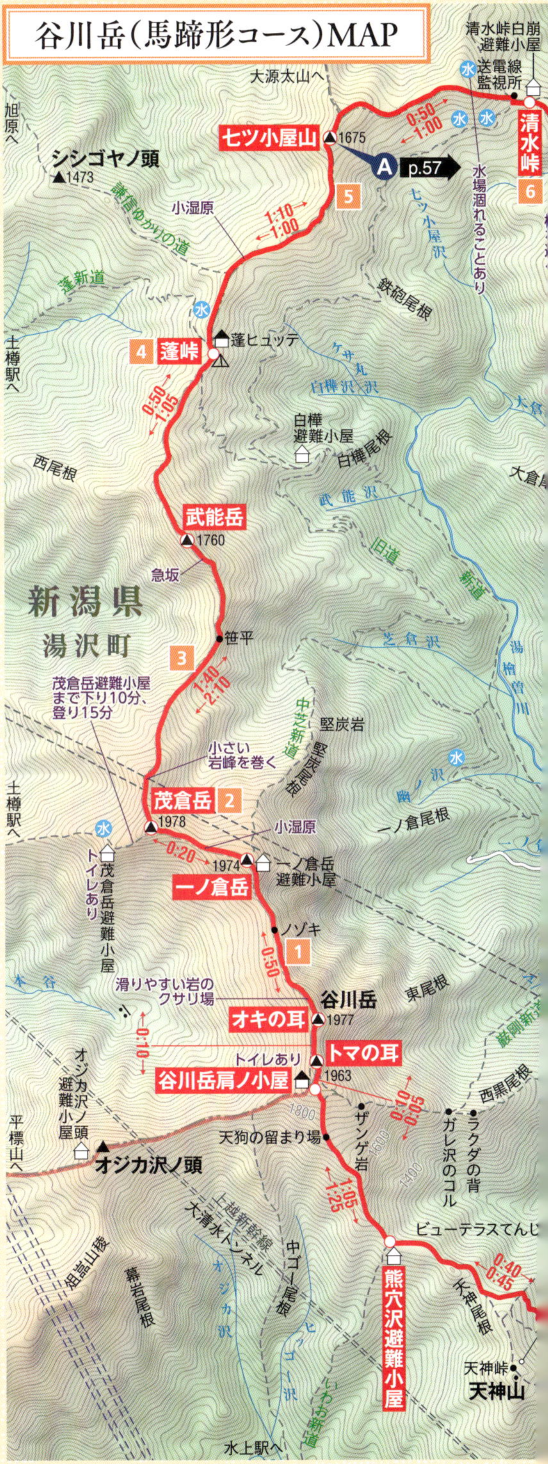

平標山《たいらっぴょうやま》～仙ノ倉山《せんのくらやま》

谷川連峰西端の峰をめぐる周回コース

平標登山口バス停～平標山乃家～平標山～仙ノ倉山往復～松手山～平標登山口バス停

【日帰り】

7時間20分

技術度 ■■■□□

体力度 ■■■□□

松手山から見るゆったりとした山容の平標山。シーズンの週末は多くの登山者で賑わう人気の山だ。

平標山乃家からゆるやかな笹の稜線を歩く。途中には湿原もあり、夏はキンコウカやワタスゲが咲く。

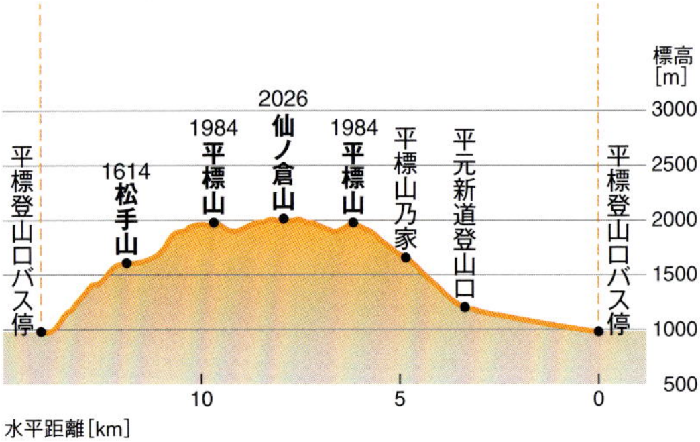

COURSE TIME

平標登山口バス停（1時間10分）平元新道登山口（1時間15分）平標山乃家（50分）平標山（1時間）仙ノ倉山（50分）平標山（55分）松手山（1時間20分）平標登山口バス停

谷川連峰の西端に位置する平《たいら》標山《つぴょうやま》。平らでなだらかな稜線をもつ山で、花の名山としても有名な山だ。平らなだけあって山頂の展望はすばらしく、大パノラマを楽しむことができる。

稜線は群馬県と新潟県の県境で、登山路は新潟県側に延びている。上越新幹線の越後湯沢駅が起点となるので、関東近郊からであれば日帰りできるのも魅力のひとつだろう。平《へい》元《げん》新道から山頂へと至り、松手山《まつでやま》から下山するコースは、登山道がよく整備されていて歩きやすく、初心者にもおすすめである。

例年であれば花の見頃は6月下旬から7月にかけて。湿原系の花から高山植物など、多種の花を楽しむことができる。紅葉もおすすめで、9月下旬から10月中旬に稜線を真っ赤なツツジが彩る。ゆったりした山容とあいまって、草紅葉も美しい。

また、山頂から東に片道約1時間のところにある谷川連峰最高峰の仙《せん》ノ倉山《くらやま》も、余裕があればぜひ登っておきたい山だ。

Spectacular Views

平標山～仙ノ倉山の絶景

山頂まで続く階段を展望も楽しみながら登っていこう

平元新道も木製の階段が多いが、平標山乃家から平標山山頂までも長い階段が続いている。途中では湿原もあり、展望も広がる気持ちのよい登山道だ。

A p.64

仙ノ倉山まで足を延ばして鞍部に広がるお花畑を楽しもう

平標山と仙ノ倉山の鞍部にはお花畑が広がり、花期にはハクサンイチゲやハクサンコザクラの群落が楽しめる。見頃は例年６月下旬から。

B p.64

平元新道を登り、稜線に上がったところに建つ平標山乃家。水場もあるので、登頂前にひと息入れていこう。

一ノ肩から松手山の下り道でも多種の花が楽しめるお花畑がある。松手山まではゆったりと下っていく。

PLANNING

平標登山口バス停で下車し、目の前の小学校脇の林道に入る。マイカー登山者は駐車場から標識に従って進み、林道と合流する。しばらく林道を歩き、平元新道登山口から樹林帯を登る。多くが木製の階段で整備されていて歩きやすい。稜線に出ると平標山乃家の前で、たおやかな平標山から仙ノ倉山の山並みが見渡せる。

小屋からは整備された木製の階段を歩き、夏はキンコウカやワタスゲがきれいな小湿地を通って平標山へ向かう。山頂は西に苗場山《なえばさん》や白馬《しろうま》岳《だけ》、南は富士山が見える好展望地だ。仙ノ倉山までも登山道はよく整備されて歩きやすいので、時間に余裕があればぜひ往復してこよう。

平標山からは尾根の西側をトラバースするようにゆるやかに下り、展望開けた尾根を進んでいく。途中の木製の階段がやや急だが、あとは松手山までなだらかな道だ。松手山から樹林帯に入り、急坂を下っていく。鉄塔の横を通りさらに下っていくと駐車場へと続く林道に出る。

DATA

アクセス　平標登山口バス停［→p.126］
小屋情報　平標山乃家［→p.122］

平標山〜仙ノ倉山MAP

駐車場のある登山口。バスを利用の場合は小学校の脇を通って、直接林道沿いを歩くことができる。

駐車場から歩き始める場合は最初に樹林を歩き、途中から林道に出る。しばらくは林道歩きが続く。

1時間強歩いたところにある平元新道の登山口。歩き始めてすぐに水場がある。

平元新道はよく整備され、歩きやすい木製の階段が続く。樹林帯を淡々と登っていく。

稜線に出ると平標山乃家の目の前に出る。ここから山頂まではゆるやかな登り坂だ。

平らな広場となっている山頂は開けていて展望もよい。西側には苗場山が見える。

10
送電線の鉄塔の横を通ると登山口は近い。樹林帯の急で滑りやすい箇所に注意。

9
木製の階段を下り、お花畑を過ぎると松手山まではなだらかな尾根道となる。

8
平標山山頂からの下り始めはなだらかで、一ノ肩まではトラバースぎみに下っていく。

7
鞍部からひとつ小さなピークを越え、続く木道を歩いて仙ノ倉山へ向かう。

谷川岳主脈縦走《たにがわだけしゅみゃくじゅうそう》

谷川岳から平標山をつなぐ主脈稜線を歩く

谷川岳ロープウェイバス停～
西黒尾根～谷川岳～
万太郎山～仙ノ倉山～
平標山～平標登山口バス停

【1泊2日】

1日目 4時間10分
2日目 9時間40分
計 13時間50分

技術度 ■■■■□
体力度 ■■■■□

谷川岳トマの耳から望む続く主脈稜線。短そうに見えるが、
平標山まではアップダウンが大きく距離も長い。

大障子ノ頭から振り返る谷川岳方面。まっすぐに延びる笹尾根から、展望を楽しみながら縦走しよう。

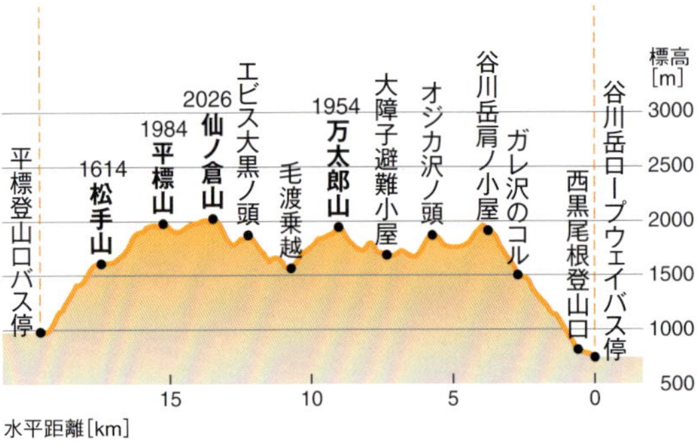

COURSE TIME

1日目：谷川岳ロープウェイバス停（10分）西黒尾根登山口（2時間40分）ガレ沢のコル（1時間20分）谷川岳肩ノ小屋

2日目：谷川岳肩ノ小屋（1時間5分）オジカ沢ノ頭（50分）大障子避難小屋（1時間30分）万太郎山（40分）毛渡乗越（1時間20分）エビス大黒ノ頭（1時間10分）仙ノ倉山（50分）平標山（55分）松手山（1時間20分）平標登山口バス停

谷《たに》川岳《がわだけ》の代表的な縦走コースには、湯檜曽《ゆびそ》川源流域の山をめぐる馬蹄形縦走コースのほかに、谷川岳から平標山《たいらっぴょうやま》へ、西へと延びる主脈縦走コースがある。オジカ沢《ざわ》ノ頭《かしら》、万太郎山《まんたろうやま》、仙《せん》ノ倉山《くらやま》そして平標山と、大きなピークを越えていく豪快なコースだ。展望がすばらしいのはもちろんのこと、幾度となく繰り返すアップダウンの稜線歩きはアルプスに匹敵するほどの縦走登山の醍醐味を味わうことができる。

稜線上には4つの避難小屋があるがどれも小さく、宿泊にはやや不向き。初日は肩ノ小屋に泊まって、一気に歩き通した方がよいだろう。

ここでは谷川岳から主脈稜線を歩き、平標山で下山するコースを紹介しているが、2日目に平標山乃家に宿泊し、さらに南へ続く稜線を歩いて、三国《みくに》峠や法師《ほうし》温泉まで足を延ばすと、より充実した縦走を味わうことができる。また、初日に西黒《にしぐろ》尾根で登らずに天神《てんじん》尾根を利用してもよい。自分の体力に合わせ、核心部の稜線歩きを楽しむのがよいだろう。

谷川岳主脈縦走の**絶景**

稜線上のオアシス 大展望のお花畑を楽しもう

万太郎山の東側山頂直下の台地状笹原にはニッコウキスゲの群生地がある。展望もよいのでおすすめの絶景スポットだ。花期は7月中～下旬頃。

A p.71

歩いてきた長い稜線を振り返れば 重量感のある山岳風景が広がる

仙ノ倉山に上がる手前、山頂直下から見る主脈の景色もおすすめ。重量感のある万太郎山の右手に突き出ているのはエビス大黒ノ頭。

B p.71

大障子避難小屋。主脈稜線には小さな避難小屋が4つある。どれも大きくないので、緊急用として考えたい。

万太郎山からは大きく下る。かなりきつい登り返しが待っているので、体力は温存しておきたい。

PLANNING

西黒尾根登山口から続く長い急坂の樹林帯を抜けると岩稜帯になり、クサリ場を通過してラクダの背に立つ。ガレ沢のコルからも岩場が続き、急登で稜線へ。初日は肩ノ小屋に泊まろう。

小屋から下りで始まり、クサリのある岩場を登ってオジカ沢ノ頭へ登り返す。すぐ下にある避難小屋から気持ちのよい笹の稜線を歩くが、結構なアップダウンでなかなか進まない。大障《おおしょう》子《じ》ノ頭《かしら》からの岩《いわ》尾根の下りに注意し、急坂を登り返して万太郎山へ着く。

万太郎山から標高差約400m下って毛渡乗越《けどのっこし》へ。ここから南へ分岐する下山路は険しく、エスケープルートとしては不向き。毛渡乗越からひとつピークを越え、急登でエビス大黒《だいこく》ノ頭《かしら》へ。岩場を注意して下り、避難小屋を過ぎると仙ノ倉山まで草付の急登となる。仙ノ倉山からはよく整備された道で平標山へ向かい下山する。

DATA

アクセス 谷川岳ロープウェイバス停［→p.125］、平標登山口バス停［→p.126］

小屋情報 谷川岳肩ノ小屋、オジカ沢ノ頭避難小屋、平標山乃家［→p.122］、大障子避難小屋、越路避難小屋、エビス大黒避難小屋［→p.123］

1

谷川岳ロープウェイバス停から道なりに少し歩いたところにある西黒尾根の登山口。

2

急な登りが続く西黒尾根。尾根上部は岩場でクサリ場もある。慎重にゆっくりと登っていこう。

3

肩ノ小屋から最初のピーク、オジカ沢ノ頭へ。ピーク付近は急な岩場となっているので注意しよう。

4

万太郎山までは快適な笹尾根が続くように見えるが、アップダウンもあり、なかなか体力を要する。

5

小障子ノ頭から先の小ピークに立つと避難小屋と大障子ノ頭がよく見える。登山道は歩きやすい。

6

展望がすばらしい万太郎山山頂。土樽駅へ向かう吾策新道のルートは右に折れる。

谷川岳主脈縦走MAP

10
仙ノ倉山から木道を歩いて平標山へ。主脈縦走は長いので、平標山乃家に泊まるのもよい。

9
3人程度は入れるエビス大黒避難小屋。ここを過ぎれば、あとは仙ノ倉山までひと登りだ。

8
エビス大黒ノ頭へ登り返す。仙ノ倉山にかけてもう1回アップダウンがあるので、体力を残しておこう。

7
万太郎山を背に主脈を進む。時折足元が笹で隠れて見えづらく、滑りやすいところもあるので注意しよう。

越後駒ヶ岳《えちごこまがたけ》

越後の名峰を登る往復コース

枝折峠頂上バス停～小倉山～駒の小屋～越後駒ヶ岳（往復）

【 1泊2日 】

1日目	6時間30分
2日目	4時間35分
計	11時間5分

技術度

体力度

どっしりとした山容が印象的な越後駒ヶ岳。枝折峠からの
往復コースは展望も開け、歩きやすい道が続く。

越後駒ヶ岳頂稜から南東の展望。荒沢岳の山容が立派で、奥には燧ヶ岳や平ヶ岳、日光連山も見渡せる。

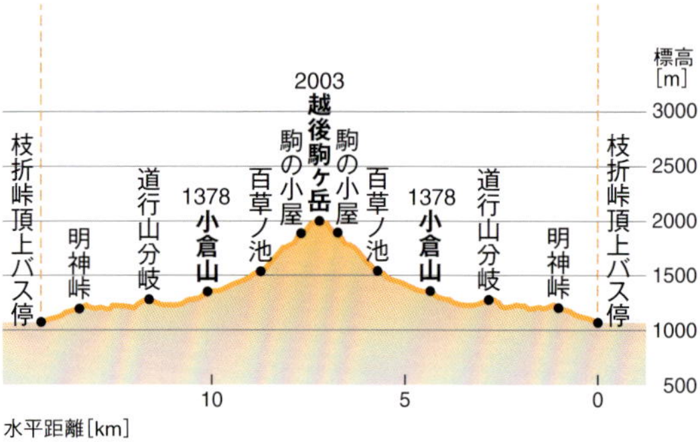

COURSE TIME

1日目：枝折峠頂上バス停（40分）明神峠（1時間20分）道行山分岐（1時間20分）小倉山（1時間10分）百草ノ池（1時間20分）駒の小屋（20分）分岐（5分）越後駒ヶ岳（5分）分岐（10分）駒の小屋

2日目：駒の小屋（55分）百草ノ池（50分）小倉山（1時間10分）道行山分岐（1時間10分）明神峠（30分）枝折峠頂上バス停

越《えち》後《ご》の名峰として有名な越後駒《こま》ヶ岳《たけ》。南に位置する中《なか》ノ岳《たけ》、西の八海山《はっかいさん》とともに越後三山のひとつに数えられ、この駒ヶ岳だけは日本百名山の一峰でもある。

標高は2000m程度でさほど高い山ではないが、豪雪地帯であるために冬は多量の雪が積もり、そしてその雪に削られた山容は、標高では語れない迫力をもっている。

山頂までの道のりは麓から登るとどれも厳しいが、国道352号の標高1065mの枝折《しおり》峠から登る道が最も歩きやすい。この登山道は登り始めから展望もよく、他の道に比べれば標高差も少ないのが利点である。前駒付近の岩場の急坂をのぞけば危険な場所もないので心配は少ない。ただし歩く距離はそれなりにあるので、無理に日帰りで挑まないほうがよいだろう。山頂の下にはシーズンは管理人が常駐する避難小屋もあるので、宿泊してゆっくりと時間を過ごすのがおすすめだ。山頂も小屋も展望がよく、多くの高山植物を楽しむことができる。

越後駒ヶ岳の**絶景**

越後駒ヶ岳の展望台・道行山 おすすめの観賞タイムは午前中

ルートから少し外れて約2分、道行山は越後駒ヶ岳絶好の展望台だ。中ノ岳や荒沢岳の見映えもよく、初夏はシャクナゲも咲くビューポイント。

A p.76

中ノ岳へ続く稜線を望むには 山頂よりも南側斜面からがおすすめ

中ノ岳方面の展望を楽しむには、少しコースから外れて南下した場所がおすすめ。中ノ岳へ続く稜線と至仏山や武尊山、巻機山の展望がよい。

B p.77

尾根上にある百草ノ池。池のそばまで立ち入ることはできないが、気持ちのよい景色を見下ろしながら登っていく。

水場のある駒の小屋。健脚者は日帰りも可能だが、無理をせず1泊するのがよいだろう。ここから山頂までは約25分。

PLANNING

枝折峠から開けた灌木帯を歩き、木道を歩いて明神峠へ。道行山《みちゆきやま》まではほぼ標高を変えず、アップダウンを繰り返して進んでいく。道行山分岐からいったん下り、木道を歩いて登り返すと小倉山《おぐらやま》の分岐がある広場に出る。

分岐からはゆるい登りが続き、百草《もぐさ》ノ池を過ぎると灌木帯の急登になる。道は岩稜帯に変わり、前駒と呼ばれるところから赤ペンキ印に導かれて岩場を登っていく。岩場を登り切ると駒の小屋だ。健脚者以外は小屋に1泊するがよい。

小屋からは花が豊富な草付の斜面を登り、稜線の分岐を右に折れて越後駒ヶ岳山頂へ向かう。山頂は展望がすばらしく、向かいの八海山ほか、360度の大パノラマが広がる。

枝折峠停車のバスは1日1本のみとなる。時間が合わないようなら明神峠から銀の道で銀山《ぎんざん》平《だいら》へ下り、2km東にある白光岩《はっこういわ》バス停まで歩くと1日3本のバスがある。もしくは小倉尾根を下り、駒ノ湯温泉でタクシーを呼ぶ。

DATA

アクセス　枝折峠頂上バス停［→p.126］

小屋情報　駒の小屋（越後駒ヶ岳避難小屋）［→p.123］

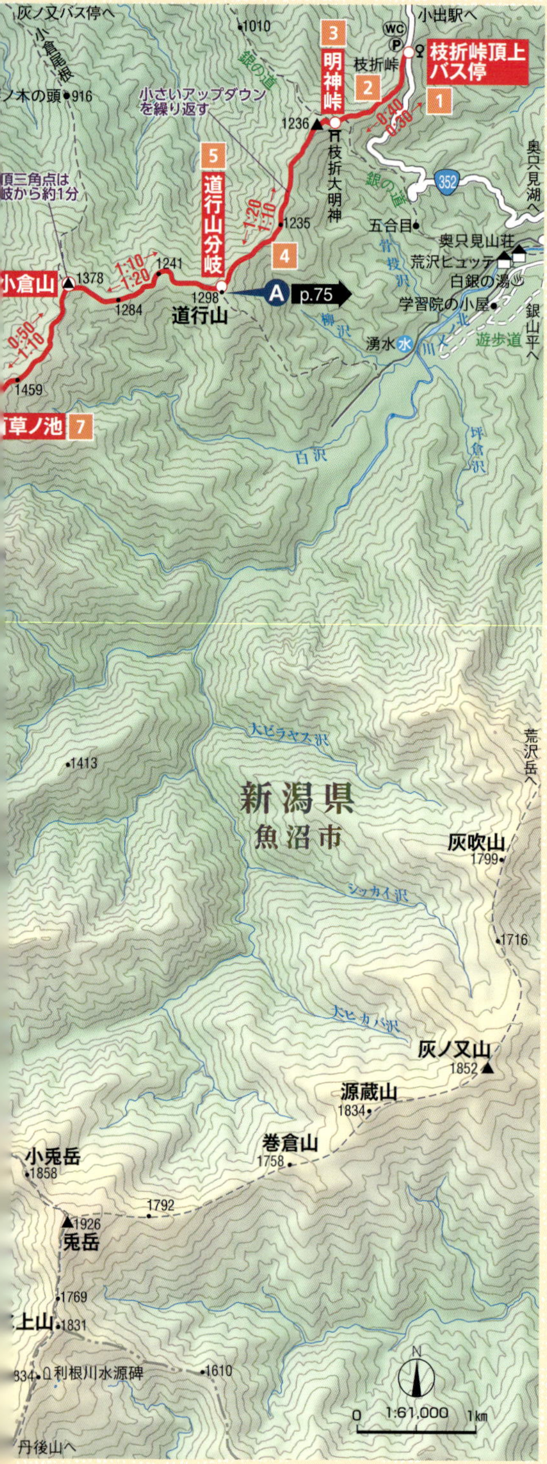

1

舗装された道にある枝折峠。駐車場、トイレあり。開けているので登り始めから展望が楽しめる。

2

ゆるい登りで明神峠へ向かう展望の尾根歩き。灌木帯の木道歩きになると明神峠は近い。

3

社のある明神峠。樹林に囲まれているが、高台に登ると明神峠の標柱があり、展望が開ける。

4

明神峠から道行山はアップダウンを繰り返してあまり標高は上げない。ガレ場の通行には注意。

5

道行山分岐。ルートは直進だが、展望のよい道行山山頂まで約2分、ぜひ立ち寄っておこう。

6 小倉山分岐。三角点は少し小倉尾根に登ったところにある。広場になっており、休憩にちょうどよい。

7 百草ノ池には標柱が立っている。ここから山頂までは標高差約450m。ここから勾配がきつくなる。

8 前駒の岩場を登る。やや急なので特に下りは注意しよう。登り切れば駒の小屋の前に出る。

9 駒の小屋からはゆるい笹尾根で山頂へ。夏はハクサンコザクラが登山道に色を添える。

10 標高2003mの越後駒ヶ岳山頂。八海山をはじめ、天気がよければ北アルプスの展望も楽しめる。

越後駒ヶ岳～中ノ岳《えちごこまがたけ～なかのだけ》

名峰をつなぐダイナミックな縦走路

枝折峠頂上バス停～
駒の小屋～
越後駒ヶ岳～
中ノ岳～日向山～
十字峡登山センター

【 2泊3日 】

1日目	6時間30分
2日目	5時間40分
3日目	5時間20分
計	17時間30分

技術度 ■■■■□
体力度 ■■■■□

縦走路の檜廊下のピークから振り返る越後駒ヶ岳。
アルプス並みの迫力の稜線歩きが楽しめる。

諏訪平から下りが始まり、約250m標高を落とす。アップダウンもきつく、見た目よりも長い道のりだ。

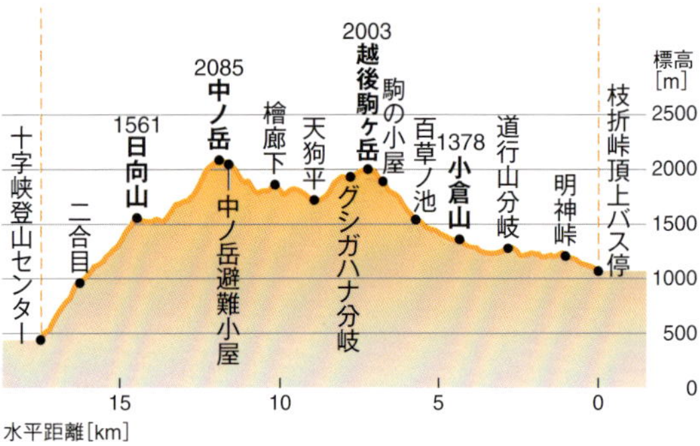

COURSE TIME

1日目：枝折峠頂上バス停（5時間50分［→p.72］）駒の小屋（20分）分岐（5分）越後駒ヶ岳（5分）分岐（10分）駒の小屋

2日目：駒の小屋（20分）分岐（20分）グシガハナ分岐（1時間）天狗平（1時間40分）檜廊下（2時間20分）中ノ岳避難小屋

3日目：中ノ岳避難小屋（10分）中ノ岳（2時間20分）日向山（1時間50分）二合目（1時間）十字峡登山センター

越《えち》後《ご》三山の2峰、越後駒《こま》ヶ岳《たけ》と中《なか》ノ岳《たけ》をつなぐ稜線を歩き、西の麓の十字峡《じゅうじきょう》へと下る豪快な縦走コース。稜線は大きなアップダウンに加えて切れ落ちた道があり、中ノ岳からは標高差約1600mを一気に下る。健脚向けの道のりだ。

歩き甲斐があるのはもちろんだが、両側が谷となっている稜線は展望もすばらしい。稜線上の檜廊下《ひのきろうか》では北《きた》ノ又《また》川や銀山平《ぎんざんだいら》が見下ろせ、東の荒《あら》沢岳《さわだけ》の山容が楽しめる。また、日本百名山のひとつでもある越後駒ヶ岳の大パノラマ、中ノ岳から見る越後駒ヶ岳の堂々たる山容、尾瀬《おぜ》・谷川《たにがわ》の山々や北アルプスも見渡せる中ノ岳の展望など、見どころは枚挙にいとまがない。

登山シーズンとしては登山道上に雪がなくなる6月下旬から、紅葉期の10月上旬がおすすめだ。秋は気持ちのよい稜線歩きが楽しめるが、中ノ岳では水場が涸れる場合もあるので注意が必要だ。避難小屋を利用する際は、食事や寝具などを忘れずに持参しよう。

Spectacular Views 越後駒ヶ岳～中ノ岳の**絶景**

端正な姿の越後駒ヶ岳 爽やかな夏と草紅葉の秋がおすすめ

中ノ岳避難小屋から御月山への道を少し下ったところに小湿地がある。ここからの越後駒ヶ岳、八海山は見ごたえあり。

A p.83

重厚な山容の二百名山・中ノ岳 展望ポイントの日向山に立ち寄ろう

下り道の五合目、日向山からは中ノ岳、御月山の展望がよい。ルートから約１分、三角点と雨量計測所のある山頂にぜひ立ち寄ろう。

B p.83

やせた稜線の檜廊下を振り返る。切れ落ちた東側を巻くように歩くので、焦らず慎重に通過しよう。

中ノ岳の北方ピークには避難小屋が建つ。水場は備え付けのポリタンクの天水か、東側斜面の雪融け水を利用する。

PLANNING

初日は駒の小屋に、翌日は中ノ岳避難小屋に泊まる２泊３日のプランがおすすめ。健脚者は１泊でも縦走できるかもしれないが、越後駒ヶ岳から中ノ岳の間はアップダウンが多く、時間がかかることを覚悟しておきたい。

駒の小屋から稜線に上がり、分岐を左に折れる。初めはなだらかに下るが、諏《す》訪《わ》平《だいら》から最低鞍部の中ノ岳で一気に標高を落とす。笹の稜線を歩き、東側が切れ落ちた檜廊下を通過する。岩がちで木の根が邪魔なところも多いので、注意して歩こう。アップダウンを繰り返し、最後は急登で中ノ岳避難小屋へと至る。夏は気温が高いので水分補給を十分に行おう。

３日目は小屋から中ノ岳山頂を通り、九合目の池《いけ》ノ段《だん》から長い尾根を下る。下り始めがザレ道の急坂なのでスリップに注意。観測所は五合目のよい目印だ。二合目までは展望も楽しめ、十字峡の登山口へ下る。携帯電話の電波が入りにくいのでタクシーを予約しておくと安心だ。

DATA

アクセス 枝折峠頂上バス停、十字峡［→p.126］
小屋情報 駒の小屋（越後駒ヶ岳避難小屋）、中ノ岳避難小屋、十字峡登山センター［→p.123］

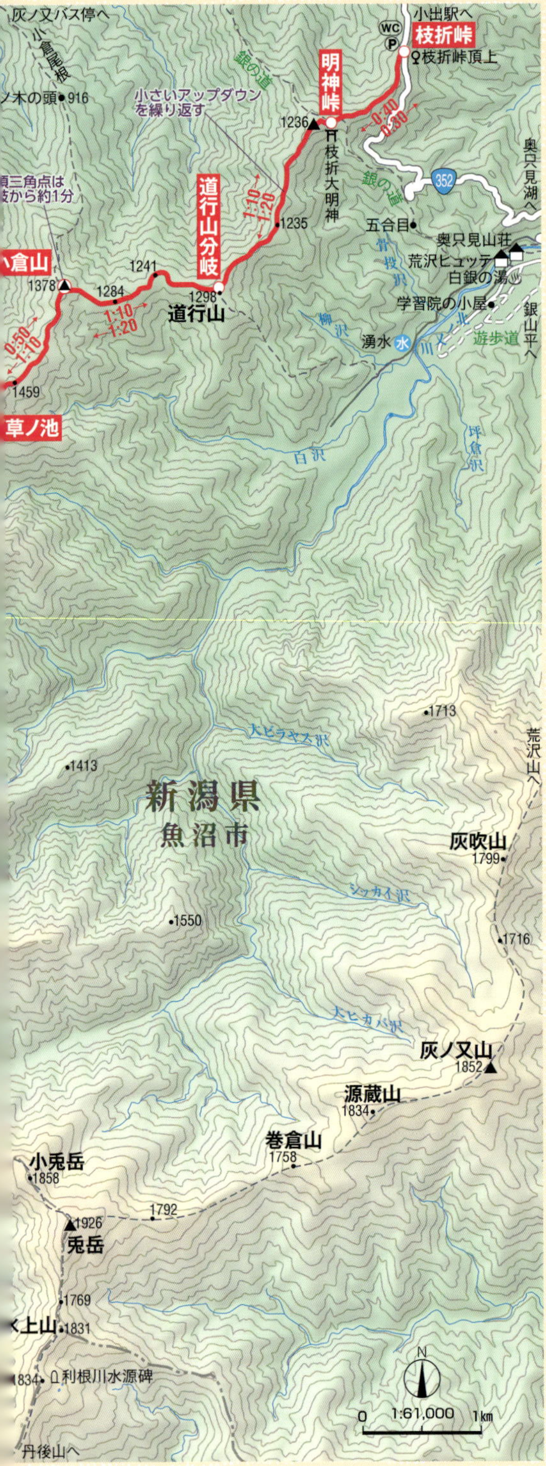

越後駒ヶ岳山頂からゆるやかに下り、グシガハナ分岐を過ぎて諏訪平に出る。ここから一気に下る。

天狗平から振り返る諏訪平方面。ここから登り返す。しばらく急登はないが、険しい道が続く。

檜廊下入口。谷から吹き上げてくる風は気持ちよいが、足場は悪いのでスリップに注意しよう。

1901mの最後のピークまでくればあとひと登りで中ノ岳避難小屋だ。この最後の登りが急できつい。

避難小屋からいったん下り、軽く登り返して中ノ岳山頂にたどり着く。

6 中ノ岳山頂。越後駒ヶ岳を見るなら避難小屋、尾瀬の山を眺めるなら山頂がおすすめ。

7 池ノ段から長い尾根を下る。右ピークは七合目。日向山の観測所がよい目印になる。遠景は巻機山。

8 五合目。日向山の標柱があるが、三角点は雨量観測所の建つ高台にある。ルートから1分ほど。

9 三合目付近。二合目を過ぎるまで展望はよい。二合目下の水場は細いので涸れることもある。

10 コンクリートの側壁に付けられた階段を下って登山口に出る。登山口には十字峡登山センターがある。

越後駒ヶ岳〜中ノ岳MAP

八海山《はっかいさん》

峻厳な八ッ峰を越えていく岩稜ルート

八海山ロープウェー山頂駅～薬師岳～大日岳～新開道～中手原バス停

【日帰り】
8時間30分

技術度 ■■■■□
体力度 ■■■□□

山麓から仰ぐ八海山。ごつごつした岩峰の稜線が特徴で、
左の薬師岳からは険しい道が続く。

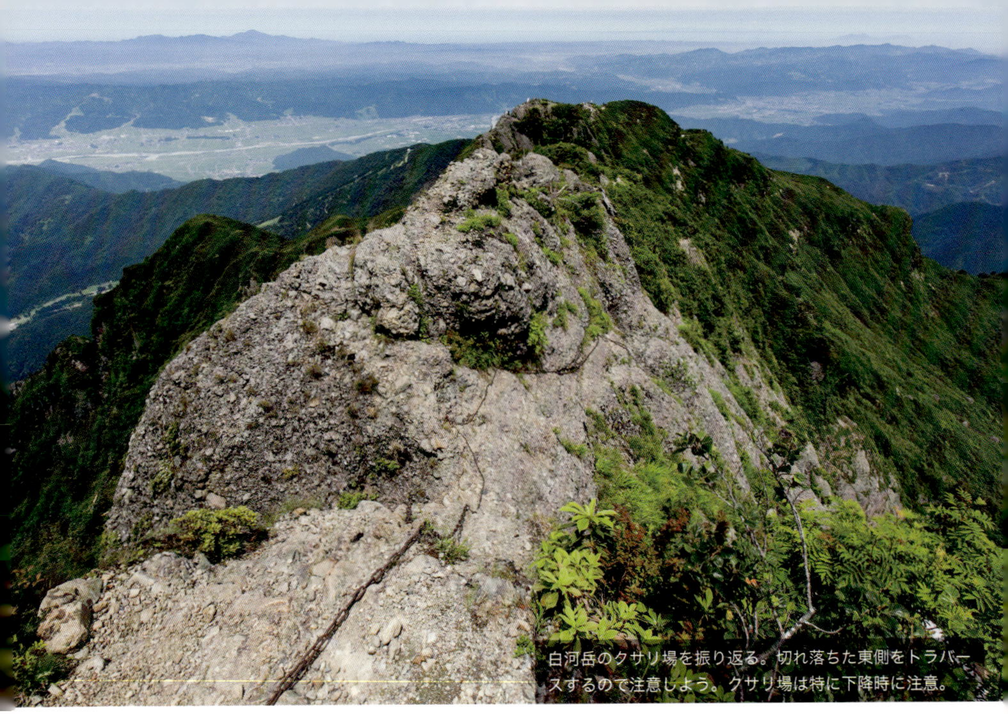

白河岳のクサリ場を振り返る。切れ落ちた東側をトラバースするので注意しよう。クサリ場は特に下降時に注意。

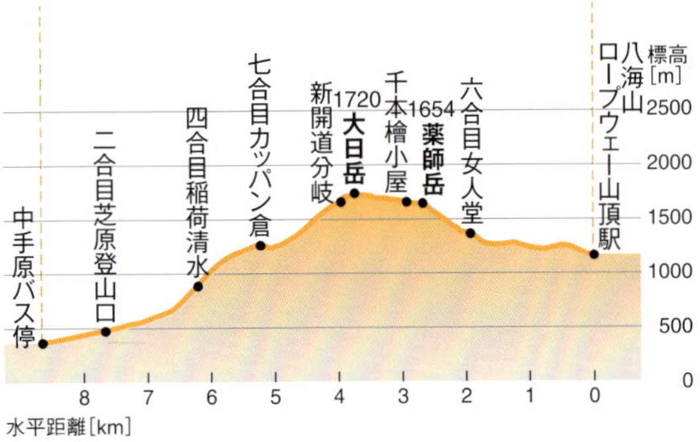

COURSE TIME

八海山ロープウェー山頂駅（1時間30分）六合目女人堂（1時間）薬師岳（15分）千本檜小屋（1時間20分）大日岳（20分）新開道分岐（1時間30分）七合目カッパン倉（50分）四合目稲荷清水（1時間20分）二合目芝原登山口（25分）中手原バス停

新潟県魚沼市を流れる魚野川《うおのがわ》の支流水無川《みずなし》を囲むように山を連ねる越後《えちご》三山。八海山《はっかいさん》はその1峰で、最も西側にあり、里に面した山である。麓から見てもわかるほど稜線の岩峰は荒々しく、古くから霊山として崇められてきた。

八海山は総称であり、薬師岳《やくしだけ》から八《や》ッ峰《みね》、入道岳《にゅうどうだけ》も含む稜線のことをいう。また、一般的に八海山山頂とは岩峰の八ッ峰を指す。八ッ峰の大《だい》日岳《にちだけ》が山頂十合目となっているが、実は南東にある入道岳の方が大日岳よりも標高が高い。

八ッ峰の岩峰群は北から地蔵岳《じぞうだけ》、不動岳《ふどうだけ》、七曜岳《しちようだけ》（五大岳《ごだいだけ》）、白河岳《しらかわだけ》、釈迦岳《しゃかだけ》（白川岳《しらかわだけ》）、摩利支岳《まりしだけ》、剣《けん》ヶ峰《みね》、大日岳の8つのピークで構成され、峰々はクサリ場が連続する断崖絶壁の難所となっている。四合目付近まではロープウェイで登れるものの、この岩峰群の通過は経験者向きで、細心の注意を要する。

ここでは八ッ峰から新開道を下山するコースを紹介しているが、迂回路で往復するのもよいだろう。

Spectacular Views

八海山の絶景

八ッ峰の摩利支岳は岩の稜線と展望のベストビュースポット

八ッ峰の摩利支岳から振り返ると、荒々しい岩場の稜線が美しい。天気がよければ遠くに佐渡島まで見渡すことができる。

A p.88

山麓から見る八海山の山容 下山口に展望ポイントあり

新開道を下り、登山口の二合目がもうそろそろというところで林道になる。ここには八海山の美しい山容を仰ぎ見る展望ポイントがある。

B p.89

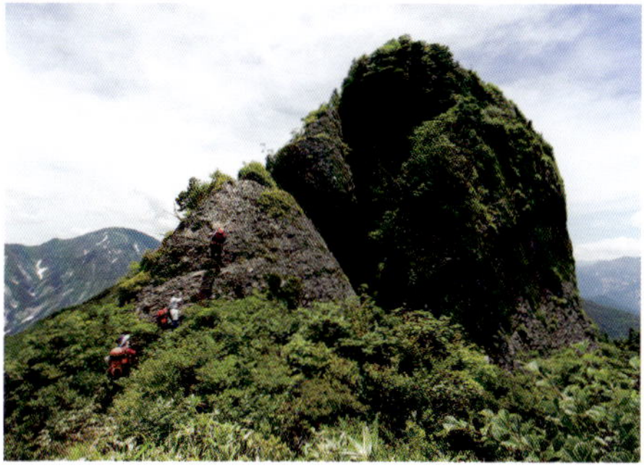

千本檜小屋を過ぎると、クサリ場が連続する稜線歩きが続く。油断は禁物。無理をせず慎重に歩きたい。

大日岳へ登る長い垂直のクサリ場。東側が切れ落ちているだけに、スリルは満点だ。下る場合は特に注意が必要だ。

PLANNING

八海山ロープウェー山頂駅を出て目の前の階段を登り、遥拝堂避難小屋に出る。少し歩いて八ッ峰が見えるところが四合目で、木道を歩いて少し下ると四合半の分岐に出る。道はゆるやかだが、右手のコギ池を過ぎると急登になり、避難小屋のある六合目の女人堂に出る。

六合目から水場を通過し、七合目の石柱の先で展望が開けてくる。クサリの付いた長い岩場を登って薬師岳山頂に到着する。軽く下って登り返すと千本檜《せんぼんひのき》小屋だ。核心部はここからとなる。

まず地蔵岳と不動岳のコルに登り、クサリ場を下ってから七曜岳に登る。白河岳は東側のクサリ場をトラバースし、わずかな登り返しで釈迦岳へ。下って分岐を過ぎ、クサリとハシゴで摩利支岳、最後に垂直のハシゴとクサリ場で大日岳だ。大日岳から下りのクサリ場が最も長い。

長いハシゴを伝って迂回路へ進み、新開道を下る。下り始めのクサリ場とハシゴに注意して、七合目カッパン倉からは樹林帯を下っていく。

DATA

アクセス　八海山スキー場バス停、中手原バス停［→p.126］

小屋情報　六合目女人堂、千本檜小屋、八海山避難小屋［→p.123］

四合半の分岐を行く。登り始めはゆるやかな道で標高を上げていく。

六合目の女人堂には避難小屋が建つ。トイレも利用できるので、休憩にもちょうどよい。

薬師岳から千本檜小屋を目指す。ほんの少し下って登り返す。ここから道は険しくなる。

不動岳の下りから本格的な岩場歩きが始まる。岩はゴツゴツしていて滑りにくい。

白河岳は切れ落ちた東側の岩場をトラバースぎみに登っていく。スリップに要注意。

6 釈迦岳と摩利支岳の鞍部に分岐点がある。天候が悪ければここから迂回路を歩いてエスケープできる。

7 最後のクサリ場を登り切り、大日岳に着く。すぐ隣の入道岳、奥の越後駒ヶ岳、中ノ岳の展望がよい。

8 新開道の尾根上のピーク、カッパン倉は八ッ峰の展望がよい。ここからは樹林帯を下っていく。

9 小さな鳥居のあるブナ林に囲まれた四合目の稲荷清水。南に100mほど入ったところに水場がある。

10 新開道と屏風道が合わさる二合目芝原登山口。ここから歩いて約30分で中手原のバス停に出る。

八海山MAP

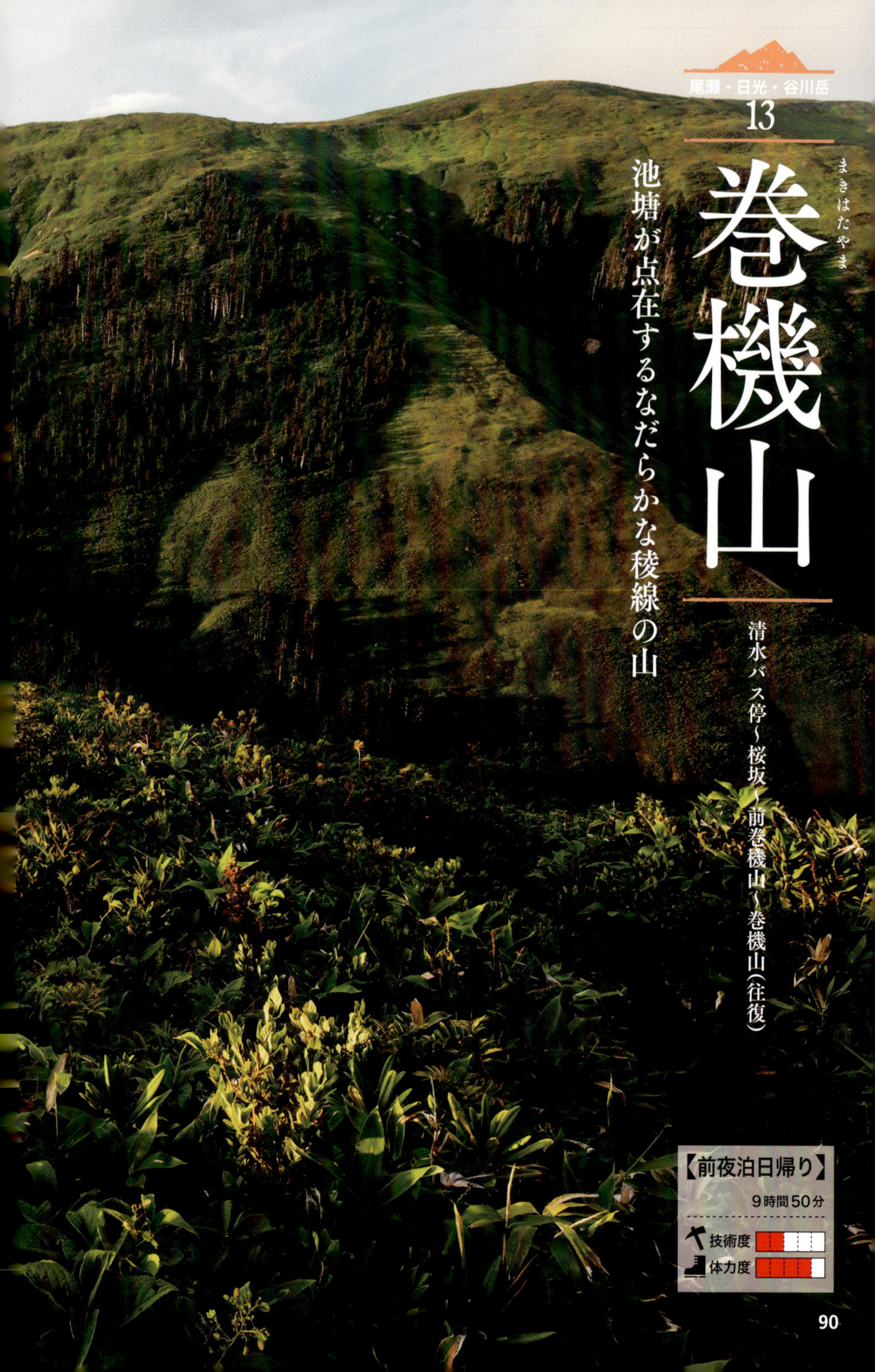

巻機山《まきはたやま》

池塘が点在するなだらかな稜線の山

清水バス停～桜坂～前巻機山～巻機山（往復）

【前夜泊日帰り】
9時間50分
技術度
体力度

前巻機山から望む巻機山。ゆったりとしたおおらかな山だ。
奥のトンガリ山は割引岳。

牛ヶ岳から振り返る巻機山の稜線。気持ちのよい笹原に登山道が付けられている。遠景は谷川主脈稜線。

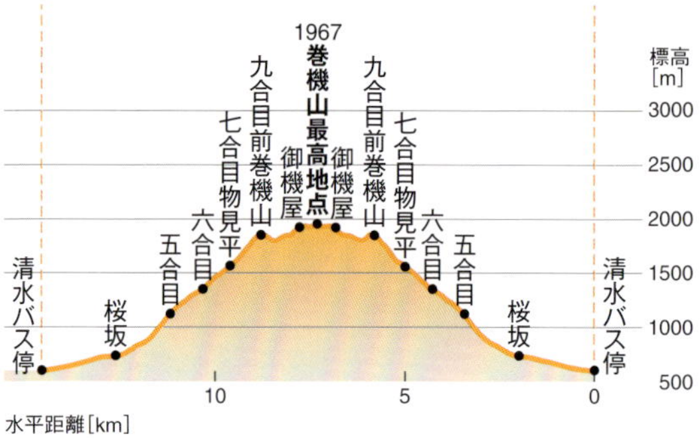

COURSE TIME

清水バス停（40分）桜坂（1時間30分）五合目（1時間10分）六合目（40分）七合目物見平（1時間）九合目前巻機山（45分）御機屋（10分）巻機山最高点（10分）御機屋（30分）九合目前巻機山（40分）七合目物見平（25分）六合目（40分）五合目（1時間）桜坂（30分）清水バス停

新潟県と群馬県にまたがる日本百名山のひとつ、巻機山《まきはたやま》。谷《たに》川《がわ》連峰の朝日岳《あさひだけ》と越後《えちご》三山の間に位置し、ゆったりとした柔和な山容が特徴の山である。

山頂部は巻機山本峰、前巻機山、牛《うし》ヶ岳《たけ》、割引岳《わりめきだけ》の4峰からなっており、一帯は池塘が点在する湿地帯が広がっている。夏は高山植物も多く、爽やかな草原歩きが心地よい。秋は中腹の紅葉がすばらしく、山頂付近は黄金色の草紅葉が楽しめる、魅力あふれる山だ。

山麓の清水《しみず》からの標高差は約1400mあるので、日帰りの山としてはハードなコース。歩行時間も約10時間かかるので、登るにはそれなりの体力が欲しいところだ。

日帰りが難しいようであれば山頂部に避難小屋があるので、食事と寝具を持参してゆっくり登るのもよいだろう。朝の稜線上の池塘の奥に浮かび上がる谷川連峰の景色など、山上で泊まってこそ楽しめる景色もおすすめだ。1泊する場合は牛ヶ岳、割引岳も合わせて登ろう。

Spectacular Views

巻機山の絶景

湿原の向こうに浮かぶ山並み 池塘と谷川連峰のコラボレーション

御機屋と巻機山最高点の中間には池塘が点在する。池塘とその奥、南西側に谷川連峰が並ぶ景色はまるで絵画のよう。

A p.94

夏に登ったらぜひ秋も！ 斜面一帯が鮮やかに色付く絶景

巻機山は笹も多いが紅葉する落葉樹も多い。とくに七合目の台地状の物見平の紅葉は必見。一面が色付き、「錦繍」の２文字がぴったりの場所だ。

B p.94

前巻機山からは木道を歩き、ゆっくり下って避難小屋へ。ここからはゆるやかな登りで山頂部へと向かう。

一番西方に位置する割引岳は街の眺めもよい。空気が澄んでいれば日本海や佐渡島も見ることができる。

PLANNING

清水へのバスは１日３本と少ないので、バスを利用する場合は麓の民宿に前夜泊するとよいだろう。それでも翌日は早めに出発したほうがよい。

清水から林道を歩き、桜坂《さくらざか》駐車場へ。すぐ先でヌクビ沢への道を分け、井戸《いど》尾根に取り付く。四合目の道標あたりから急登になり、東側の樹林が開けた五合目から美しいブナ林を登って六合目の展望台に着く。急登が続くが次第にゆるやかになり、前巻機山が見える七合目に出る。ここから八合目はふたたび急坂となり、展望のよい道を登って九合目の前巻機山に着く。

前巻機山から木道を歩き、避難小屋周辺から小湿地を通って登り切ると、平らで広い御機屋《おはたや》に到着する。山頂の標識はここに立っているが、1967mの最高点は東側に10分ほど登ったところにある。

時間に余裕があれば展望のよい牛ヶ岳と割引岳にも足を延ばしたい。両ピークとも御機屋から往復で１時間ほどかかる。

DATA

アクセス　清水バス停（桜坂駐車場）［→p.126］
小屋情報　巻機山避難小屋［→p.123］

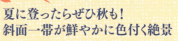

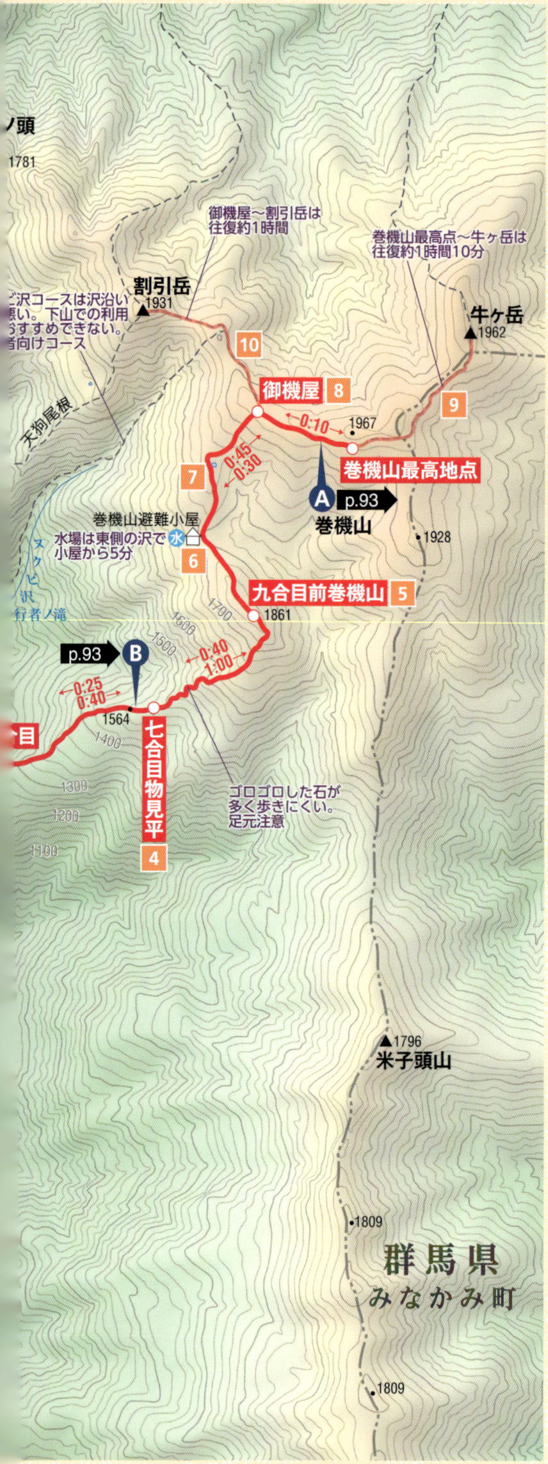

桜坂駐車場から登山道に入るとすぐに分岐になる。右が井戸尾根の登山道で、左がヌクビ沢だ。

急登ののち、樹林がぽっかり開けた五合目に出る。ここは東側の米子沢の眺めがよい。

六合目は樹林帯で北側が開けている。三角錐の割引岳、ヌクビ沢の展望がすばらしい。

七合目。樹林帯から抜け、灌木帯になる。砂礫状の登山道を上がると広い台地に出る。

九合目、前巻機山。ここでようやく巻機山を見ることができる。ここまで来れば、あとはゆるやかだ。

6
前巻機山から下ると、鞍部に避難小屋が建つ。日帰りが難しそうなら、ここでの宿泊も考えたい。

7
避難小屋からは高層湿原が広がる。織姫ノ池と呼ばれる池塘を眺めながら、山頂へと向かう。

8
御機屋の分岐。ここに山頂の標識が立つ。平らな広場となっていて、休憩ポイントとなっている。

9
最高点を越えて牛ヶ岳へ向かう。登山道はよく整備されて歩きやすい。

10
御機屋から往復約1時間の割引岳。展望がよいので余裕があれば立ち寄ろう。牛ヶ岳に比べてやや登る。

巻機山MAP

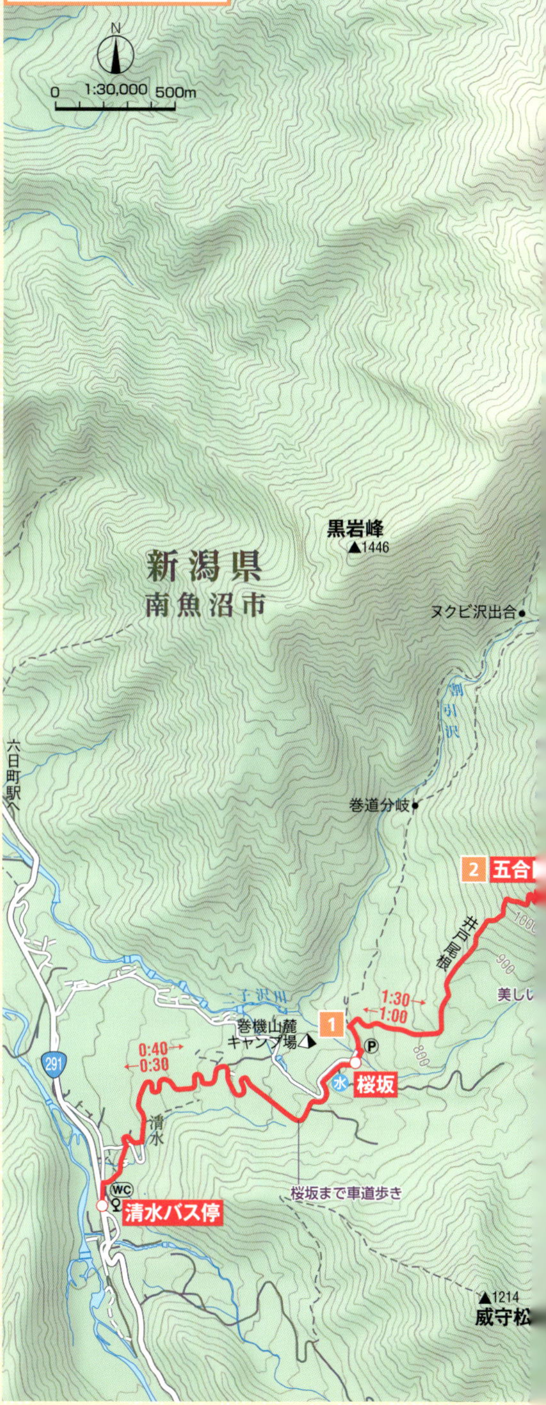

苗場山《なえばさん》

広大な山上湿原が広がるテーブルマウンテン

和田小屋～神楽ヶ峰～苗場山（往復）

【日帰り】
6時間55分

技術度 ■■□□□
体力度 ■■■□□

草紅葉の黄金色に染まる秋の苗場山頂上台地。山頂部は
四方4kmにも及ぶ広い台地となっている。

神楽ヶ峰から下り、富士見坂と呼ばれる道から望む苗場山の特異な山容。この山上に湿原が広がっている。

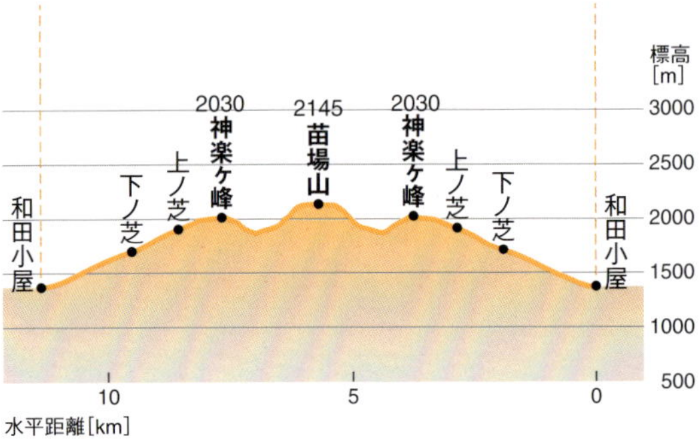

COURSE TIME

和田小屋（1時間10分）下ノ芝（1時間）上ノ芝（30分）神楽ヶ峰（1時間10分）苗場山（1時間10分）神楽ヶ峰（25分）上ノ芝（40分）下ノ芝（50分）和田小屋

新潟県と長野県の県境に位置する苗場山《なえばさん》。山頂部が広いテーブル状の台地となっているのが特徴で、山上には広大な高層湿原が広がっている。山頂部が湿原となっている山は多いが、ここまで顕著に平らな台地というのは少ない。そして、山上に宿泊できる山小屋があるので気軽に散策を楽しめるのがうれしい。

登山口までのバス便はないものの、上越新幹線越後湯沢駅からほど近いので、首都圏から日帰りできるのも魅力のひとつである。夏は湿原系の高山植物が咲き乱れ、秋は真っ赤なナナカマドやツツジの紅葉と黄金色に染まる草紅葉が美しく、広大な台地との組み合わせはまさに絶景である。登山道もよく整備され、登山初心者も訪れやすい。

ここでは和田《わだ》小屋を起点とした祓《はらい》川《がわ》コースの往復路を紹介している。アクセスによっては長野県の秋山郷から登る小赤沢《こあかざわ》コースもおすすめだ。このコースもよく整備されており、祓川コースの雲尾坂《くもおざか》のような急坂もないので歩きやすい。

Spectacular Views

苗場山の**絶景**

展望テラスでゆっくり 広大な台地を見渡すビューポイント

小屋のすぐ下には大きなウッドデッキが整備され、ゆっくりと休憩しながら頂上台地の景色を楽しむことができる。夕方が特におすすめ。

A p.101

西側の湿原まで足を延ばせば 点在する池塘の向こうに北アルプス

山頂から西側、坪場の方へ下っていくと北アルプスの眺めがよい場所がある。穂高岳から槍ヶ岳、白馬岳まで、すばらしい眺めだ。

B p.101

雲尾坂と呼ばれる急坂を登り切ると、突如として広がる頂上台地。台地上の湿原には木道が続く。

山頂の横に建つ山小屋、苗場山自然体験交流センター。日帰りできる山だが、朝夕がきれいなので、小屋泊もおすすめだ。

PLANNING

登山口の和田小屋へのバス便はないので、マイカーかタクシーで向かうことになる。タクシーの場合は越後湯沢駅から約6000円かかる。

和田小屋からスキー場を横切って右手の樹林に入る。最初は木道だが、すぐにぬかるみのある道を歩く。六合目を過ぎて石が転がる道となり、下《しも》ノ芝《しば》の木道に出る。ここからひと登りで樹林を抜け、木道を登って神楽ヶ峰を目指す。

苗場山の眺めのよい神楽《かぐら》ヶ峰《みね》から一度下り、水場の雷《かみなり》清《し》水《みず》、鞍部のお花畑を過ぎると頂上台地へ向かって登り返す。九合目を過ぎると勾配がさらに上がり、雲尾坂の急登を詰めると一気に展望が開け、頂上台地に達する。

広大な湿原には木道が敷かれ、気持ちのよいハイキングが楽しめる。夏であれば多種の高山植物が見られ、秋は黄金色の草紅葉が美しい。池塘の間を抜け、高台に登ると北側が樹林で遮られた場所に山頂の標柱がある。山頂台地は広いので、ゆっくりと湿原歩きを楽しみたい。

DATA

アクセス　和田小屋（かぐらスキー場町営駐車場）[→p.127]

小屋情報　和田小屋、苗場山自然体験交流センター［→p.123］

9
山頂台地に上がった途端、広がる広大な湿原。木道が続き、のんびり景色を眺めながら歩く。

1
和田小屋からスキー場のゲレンデを横切って、右奥の樹林帯へと入っていく。

2
六合目の標識を過ぎてから、一度スキー場のコースを横切り、下ノ芝の木道に出る。

3
樹林帯を抜けると長い木道が続き、中ノ芝のベンチに着く。谷川連峰の眺めもよく、休憩にぴったり。

4
さらに木道は続き、上ノ芝のベンチへ。ここからひと登りで小松原コースとの分岐に出る。

6
鞍部へ下り切ると雷清水の水場がある。山頂部に水場はないので、必要であれば汲んでおくとよい。

5
小松原分岐。木道は終わり、ちょっとした岩場の股すり岩を下って神楽ヶ峰へ向かう。

苗場山MAP

10 台地の高台にある苗場山山頂。樹林をはさんですぐ西側に、苗場山自然体験交流センターがある。

8 雲尾坂の急登を行く。かなりきつい勾配だが、距離は短い。頂上台地まであともう一歩だ。

7 夏はお花畑、秋は紅葉の間を通って登り返す。最後の登りにさしかかるまでは比較的ゆるやかな道だ。

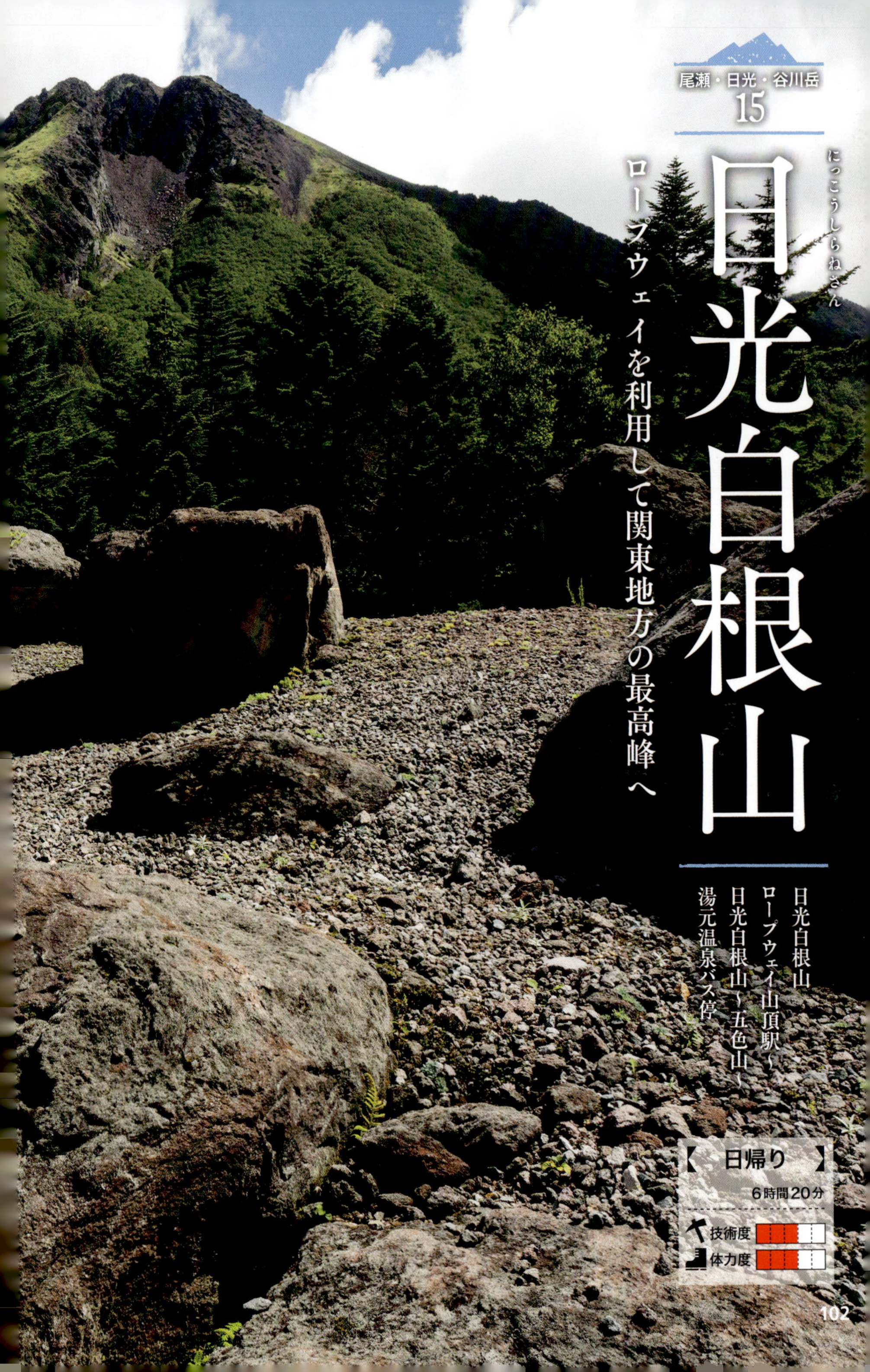

日光白根山《にっこうしらねさん》

ロープウェイを利用して関東地方の最高峰へ

日光白根山ロープウェイ山頂駅～日光白根山～五色山～湯元温泉バス停

【日帰り】
6時間20分
技術度
体力度

日光白根山ロープウェイ山頂駅から望む日光白根山。
火山らしい、荒々しい山容が特徴だ。

エメラルドグリーンに輝く五色沼から仰ぐ日光白根山。栃木県側も見どころは多い。

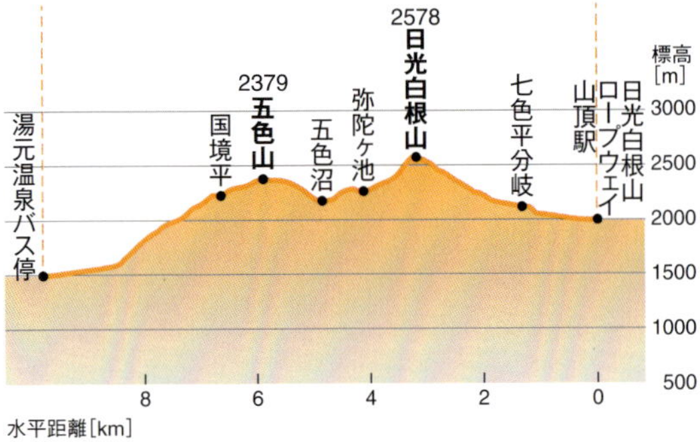

COURSE TIME

日光白根山ロープウェイ山頂駅（40分）七色平南分岐（1時間50分）日光白根山（45分）弥陀ヶ池（15分）五色沼（45分）五色山（25分）国境平（1時間40分）湯元温泉バス停

日《にっ》光《こう》火山群の1峰である日光白《しら》根《ね》山《さん》は、群馬県と栃木県の県境にそびえる山だ。標高は2578mで、ここより北に高い山はなく、関東以北最高峰である。奥《おく》白根山とも呼ばれるが、これは周りを囲む座《ざ》禅《ぜん》山《やま》、五《ご》色《しき》山《やま》、前白根山などの外輪山を含めた複式火山を「日光白根山」と呼ぶときの、最高峰であり主峰であることを意味している。

登山シーズンは登山道の雪が消える6月下旬から。7月は新緑が美しく、山頂付近の紅葉は9月下旬から始まり、10月下旬には降雪がある。

見どころが多い山で、関東以北最高峰というだけあって山頂からの展望はすばらしい。また、眼下に見える五色沼は印象的な色合いで独特の景観を作り上げている。

丸沼《まるぬま》コースはロープウェイ利用で標高約2000mから登り始められるので、人気のコースとなっている。丸沼コースの往復でも十分に楽しめるが、県をまたいで栃木県側へ下ると、より一層この山の魅力に触れることができるだろう。

日光白根山の絶景

抜群の山頂展望 遠くには富士山の姿も!

関東以北最高峰の山だけあって、山頂からの大パノラマがすばらしい。遠くを見れば、皇海山の向こうに富士山の姿も見える。

A p.107

絵ハガキのような山岳絶景 青緑に輝く五色沼と日光白根山

東側の白根外輪山からの景色が美しく、特に五色山から前白根山にかけては、眼下に五色沼も見えて、絶景を作り上げている。

B p.107

ロープウェイで標高2000mまで行くことができるので、登りの標高差は少ない。しっかり準備を整えてから出発しよう。

山頂駅のロックガーデンでもコマクサを見ることはできるが、日光白根山山頂周辺や前白根山でも見られる。

PLANNING

ロープウェイ山頂駅の広場の奥から樹林帯に入り、しばらくは平らな道を歩く。岩の上に祀られた大日如来《だいにちにょらい》を過ぎると徐々に上り調子になり、七色平《なないろだいら》への分岐から急な道となる。しばらくは急な登りだが、あまり長くは続かない。

やがて樹林帯を抜けると展望が開け、砂礫のザレた道でじりじりと標高を上げていく。沢状地形の道を登ると頂稜に出て、右に平らな窪地を見ながら頂上へと向かう。一度岩場を越え、軽く下ってから頂上へと登り返す。山頂は展望のよい岩礫のピークで、週末を中心に多くの登山者で賑わっている。

山頂からは北側の道で弥陀ヶ池へ下る。下り始めは岩場で、やがて滑りやすいザレた道となる。道も急なので慎重に下っていこう。分岐で道を右に取り、弥陀《みだ》ヶ池へ。時間に余裕があれば五色沼に立ち寄り、五色山へ登って国境平《こっきょうだいら》から日光湯元《ゆもと》へ下る。丸沼へ戻りたい場合は、弥陀ヶ池から七色平へ行って戻るとよい。

DATA

アクセス 丸沼高原スキー場バス停、奥日光湯元温泉バス停［→p.127］

小屋情報 五色沼避難小屋［→p.123］

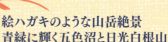

10 登山口に下ると林道と合流する。あとは道なりに歩いて日光湯元へと向かう。約10分。

6 山頂から弥陀ヶ池に向かう道は下り始めが急で、滑りやすいザレ場なので、注意して下っていこう。

1 ロープウェイ山頂駅の奥から入山する。鳥居をくぐり、鹿よけの柵を開けて入っていく。

2 歩き始めはなだらかな登山道が続く。大日如来を過ぎると、平坦な道から登り道へと変わる。

3 しばらくは樹林帯をトラバースするように歩き、抜け出るとザレ場の稜線歩きになる。

4 山頂へ向かう手前に広い窪地がある。風を避けながら休憩する場合はこのあたりがよいだろう。

5 日光湯元からの道を合わせ、ガレ場を上がると少し下り、登り返して山頂へ向かう。

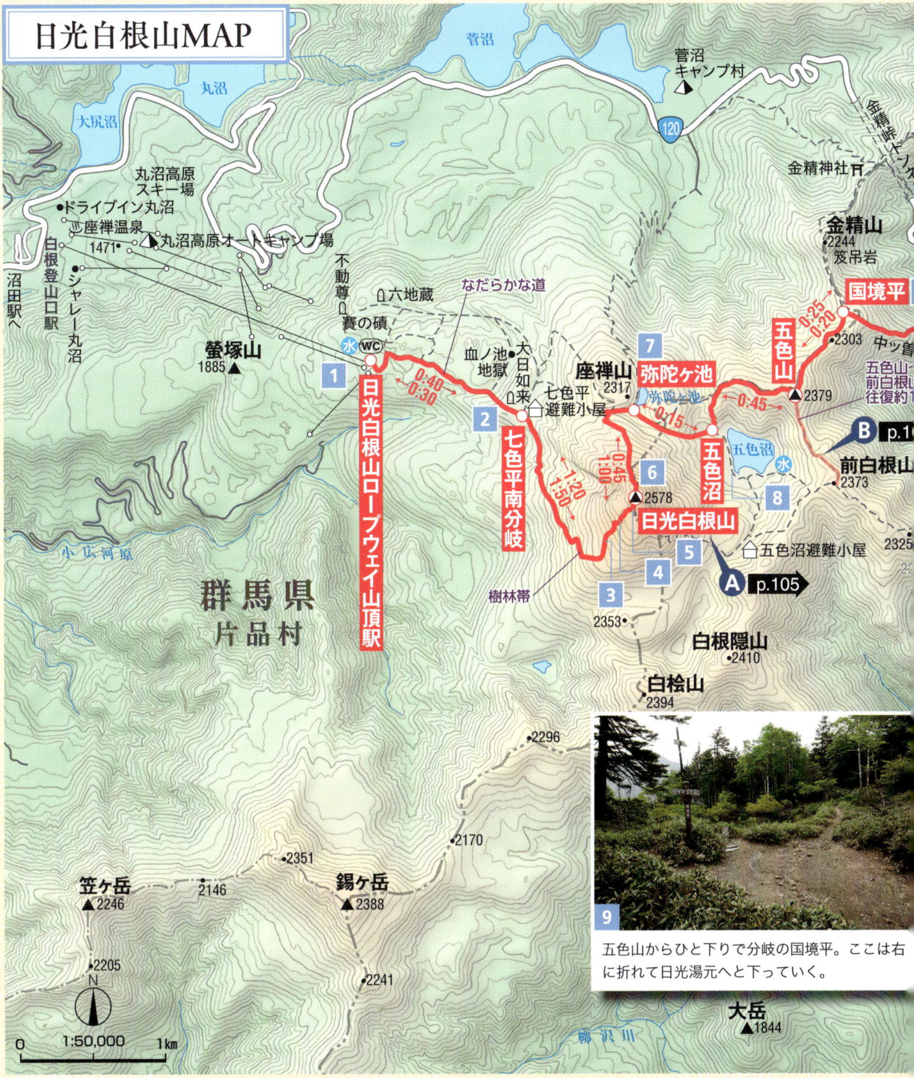

9
五色山からひと下りで分岐の国境平。ここは右に折れて日光湯元へと下っていく。

8
弥陀ヶ池から寄り道をして五色沼へ。無理に寄らなくてもよいが、おすすめのビューポイントだ。

7
静かな樹林に囲まれた小さい池の弥陀ヶ池。木道を歩いて少し菅沼側に歩くと日光白根山の眺めがよい。

男体山《なんたいさん》

日光連山を代表する山岳信仰の山

二荒山神社前バス停～男体山(往復)

【 日帰り 】
6時間35分
技術度
体力度

中禅寺湖から仰ぐ男体山は端正な形をしている。登山道は湖畔からほぼまっすぐに付けられている。

山頂手前から見下ろす中禅寺湖方面の景色。南側は山の向こうに関東平野を望むこともできる。

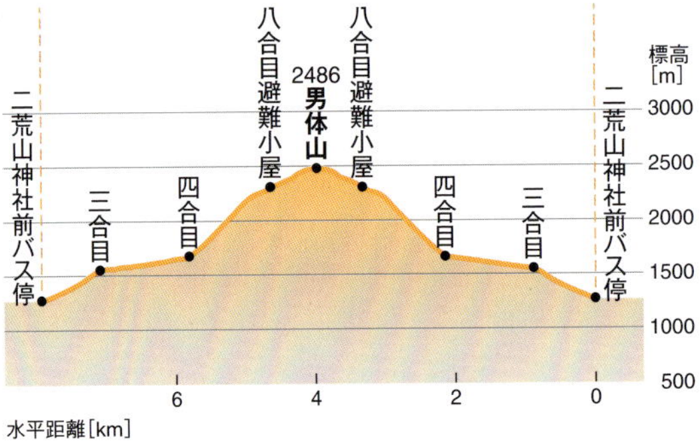

COURSE TIME

二荒山神社前バス停（1時間）三合目（20分）四合目（1時間30分）八合目避難小屋（1時間）男体山（45分）八合目避難小屋（1時間10分）四合目（15分）三合目（35分）二荒山神社前バス停

日《にっ》光《こう》中禅寺湖《ちゅうぜんじこ》の北岸にそびえ、美しい円錐形の山容を見せる男体山《なんたいさん》。日光白根山《しらねさん》と同じ日光火山群のひとつで、標高２４８６ｍは白根山に及ばないものの、関東地方の山としては高い。古くから山岳信仰の対象として崇められる霊峰であり、麓の二荒山《ふたらさん》神社はこの山をご神体として祀っている。

登山道は中禅寺湖湖畔の二荒山神社中宮祠《ちゅうぐうし》からほぼまっすぐに付けられており、急登が続く。独立峰にも思える山頂の展望は３６０度の大パノラマが楽しめ、眼下の中禅寺湖や戦場《せんじょう》ケ原《はら》、近場では日光白根山や女《にょ》峰山《ほうさん》の展望がすばらしい。晴れて空気が澄み渡った日には、北アルプスや、関東平野越しの富士山も望むことができる。

なお、男体山はご神体であるため、毎年5月5日から10月25日までが登拝期間となり、それ以外の期間には入山禁止となっている。２０１６年より「山の日」祝日施行を記念して、4月23日から11月11日まで登れるようになる。

Spectacular Views

男体山の**絶景**

眼下に広がる湿原と山岳展望
戦場ヶ原を見下ろす絶景スポット

山頂や男体山神社からは戦場ヶ原は見えず、山頂直下の9.5合目あたりが一番よく見える。見逃さないよう注意して登ろう。

A p.113

中禅寺湖の展望はここがおすすめ
足を延ばして男体山神社へ

山頂奥宮から西に一段下がったところに男体山神社がある。ここからの中禅寺湖はほぼ全容が見渡せ、山頂よりも見ごたえがある。

B p.113

二荒山神社中宮からはご神体の男体山を望むことができる。登拝受付をして、山頂を目指そう。

六合目を過ぎると観音薙と呼ばれるガレ場の登山道になる。足元に注意して登ろう。下りではスリップに気をつけて。

PLANNING

二荒山神社中宮祠で登拝料を奉納し、杉林の急な石段を登って一合目へ。ブナが生える急な樹林帯を登り、三合目で一度林道に出る。しばらく道なりに舗装された道を歩き、鳥居のある四合目からふたたび登山道へ。時折中禅寺湖を見下ろしながら五合目、六合目と標高を上げていく。六合目からは岩がちな道となり、観音薙《かんのんなぎ》と呼ばれる空の開けたガレ場を登っていく。

避難小屋のある七合目を過ぎ、小さな鳥居をくぐると八合目は近い。展望も少し開けた八合目には小さな社務所兼避難小屋が建つ。ここから勾配はゆるみ、やや広いゆるやかな樹林帯を登って九合目、火山礫の赤茶けた道に出ると展望が一気に開け、山頂への最後の登りになる。振り返ると中禅寺湖や南側の山々の展望がすばらしく、今までの疲れを一気に吹き飛ばしてくれる。登り切ったところに奥宮があり、右手の鳥居の先の剣が立つ岩が山頂だ。ゆっくりと景色を楽しんでから下山しよう。

DATA

アクセス　二荒山神社前バス停（中善寺温泉バス停）［→p.127］

小屋情報　八合目避難小屋［→p.123］

1
石段を登り、一合目へ。鳥居をくぐって樹林帯を歩き始める。三合目まではブナやミズナラが美しい。

2
三合目からは一度舗装道を歩き、四合目の鳥居からふたたび登山道へ入っていく。

3
右手に避難小屋が見えてくると五合目に着く。樹林の隙間から若干の展望はあるが、まだ樹林帯は続く。

4
ジグザグに登山道を登り、岩がちな六合目に出る。まだ樹林帯だが、ここからやや開けたガレ道となる。

5
急なガレ場を直登し、また右手に避難小屋が出てくると七合目に到着する。

6

小さいがしっかりしたつくりの避難小屋のある八合目。ここから勾配はいくぶんゆるくなる。

7

シラビソ林を歩き、左手に石柱の立つ九合目を過ぎる。あとひと登りで頂上直下に出る。

8

樹林を抜けて一気に展望が開ける。足元は火山礫のザレ道なので、やや歩きにくい。

9

二荒山神社奥宮の建つ山頂部。ここから右手奥に行くと山頂、左に行くと男体山神社だ。

10

奥宮の奥にある男体山山頂。小高い岩場の上に剣が立っているのが目印だ。

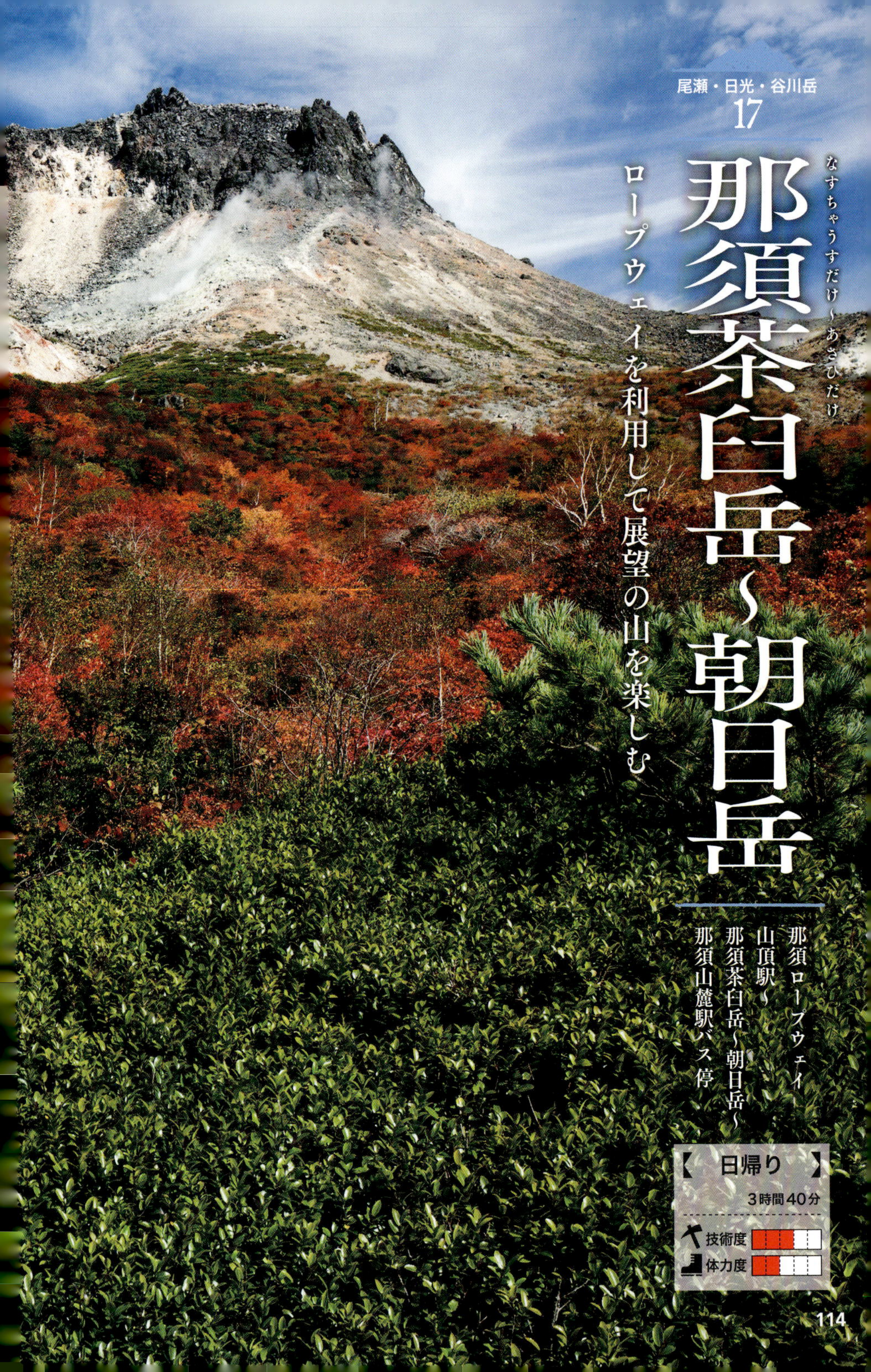

那須茶臼岳《なすちゃうすだけ》〜朝日岳《あさひだけ》

ロープウェイを利用して展望の山を楽しむ

那須ロープウェイ山頂駅〜那須茶臼岳〜朝日岳〜那須山麓駅バス停

【日帰り】
3時間40分

技術度
体力度

姥ヶ平から望む噴煙上げる那須茶臼岳。標高は1915mで、
手軽に登れる百名山のひとつでもある。

茶臼岳山頂付近から見下ろす関東平野。遮るもののないすばらしい展望が広がる。

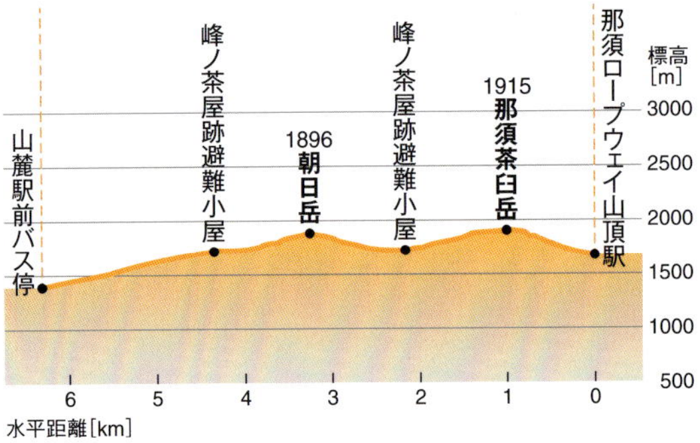

COURSE TIME

那須ロープウェイ山頂駅（50分）那須茶臼岳（40分）峰ノ茶屋跡避難小屋（50分）朝日岳（40分）峰ノ茶屋跡避難小屋（40分）山麓駅バス停

那《な》須岳《すだけ》とは、栃木県北部から福島県にかけて南北に連なる火山群の総称で、茶臼岳《ちゃうすだけ》、朝日岳《あさひだけ》、三《さん》本槍岳《ぼんやりだけ》、南月山《みなみがっさん》、黒尾谷山《くろおだにやま》などで構成される。最高峰は三本槍岳だが、今なお噴煙を上げる茶臼岳が那須岳の主峰としてよく知られている。

首都圏からであれば新幹線とバスで山麓まで来られるのでアクセスがよく、日帰りで登れるのが魅力だ。おすすめのシーズンは新緑、紅葉の時期で、特に茶臼岳西面の姥《うば》ヶ平《だいら》の紅葉は雑誌やテレビでもよく紹介される有名な絶景スポットである。山頂からの展望もすばらしく、南に見下ろす関東平野、西は越後や尾瀬《おぜ》、日光《にっこう》の山々、北は吾妻《あづま》連峰と安達太《あだた》良山《らやま》、飯豊山《いいでさん》の展望が広がっている。

ロープウェイを利用して茶臼岳、朝日岳の日帰りコースが一般的で、とくに茶臼岳のみであれば初心者でも登りやすい。余裕があれば朝日岳のさらに北の三本槍岳を往復したり、朝日岳の西側にある山中の温泉、三《さん》斗《と》小屋温泉に宿泊したりするのもおすすめだ。

那須茶臼岳~朝日岳の**絶景**

噴煙が間近で見られる活火山・茶臼岳ならではの光景

茶臼岳西面の無限地獄と呼ばれるところでは、岩の隙間から吹き上がる噴煙を間近に見ることができる。とはいえ噴煙帯なので長居はしないように。

A p.119

余裕があれば立ち寄りたい茶臼岳随一の新緑・紅葉スポット

牛ヶ首から西に下った姥ヶ平は有名な新緑・紅葉スポットだ。さらに少し足を延ばすと茶臼岳を映すひょうたん池という小さな池もある。

B p.119

終点の山麓バス停で下車、目の前のロープウェイに乗って、一気に標高を上げる。茶臼岳まではひと登りだ。

茶臼岳山頂直下は旧火口のお釜となっており、登山道は周回するように付けられている。

PLANNING

那須ロープウェイ山頂駅からゆるやかに登り、牛《うし》ヶ首《くび》への道を分けてザレた砂礫の道を登っていく。右側にロープが張ってある場所もあるので迷いにくいが、視界が悪いときはコースを外さないよう注意しよう。大岩の標柱から右に折れ、岩場の登りに変わる。ジグザグ道で登り切ると「山頂口」に出て、左に道を取る。右に旧火口のお釜を見ながら三角点を過ぎ、鳥居のある山頂へ向かう。大きい岩に上がって周りを見渡すと展望がすばらしい。

山頂からお釜を時計回りに下っていき、お釜口へ出る。山頂北側の道を下り、避難小屋の建つ峰《みね》ノ茶《ちゃ》屋《や》跡《あと》避難小屋へと向かう。

峰ノ茶屋跡避難小屋から朝日岳へは剣《けん》ヶ峰《みね》を東側から巻き、稜線西側に回り込んで登っていく。クサリの付いた岩場歩きになるので、とくに下山時に注意して通行しよう。

峰ノ茶屋跡へ戻り、山麓駅へのゆるやかな道を下る。樹林帯に入ると峠の茶屋は近い。

DATA

アクセス 山麓駅前バス停［→p.127］

小屋情報 峰ノ茶屋跡避難小屋［→p.123］

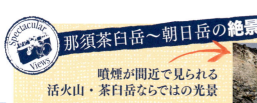

ロープウェイ山頂駅からすぐに分岐に出合う。茶臼岳は直進、左に折れると牛ヶ首へと向かう道だ。

「大岩」の標柱で右にカーブする。ザレの道から岩場の道へと変わってくる。足元に注意しよう。

「山頂口」で旧火口に出る。左に登ると茶臼岳山頂、峰ノ茶屋跡へは右へ下っていく。

火山の山らしい荒々しい岩が転がる山頂部。鳥居が見えてきたら山頂だ。視界が悪いときは注意。

祠の立つ茶臼岳山頂。ここで一気に西側の展望が開ける。飯豊山や尾瀬の山の眺めがよい。

頂稜から北側に下り、大きな岩が点在する平らな場所を歩いて峰ノ茶屋跡へ下っていく。

峰ノ茶屋跡避難小屋と朝日岳。ここは風の通り道として有名で、風が強い日は強風が吹き抜ける。

峰ノ茶屋跡から朝日岳へは岩場となっており、クサリ場もあるので、焦らず慎重に通過しよう。

朝日岳山頂から見る茶臼岳。ドーム型の特徴ある形は火山ならでは。ここも展望がすばらしい。

峰ノ茶屋跡に戻ったら、ゆるやかな下り坂で山麓へ。風が強い日は後ろからあおられないように注意。

那須茶臼岳～朝日岳MAP

尾瀬・日光・谷川岳

山小屋・登山口ガイド

※データはすべて2016年2月現在のものです。
営業期間などは年によって異なることもありますので、
必ず事前に確認してください。

【山小屋】

尾瀬沼山荘《おぜぬまさんそう》

☎0278-58-7311
（総合案内）

5月中旬～10月中旬
¥ 1泊2食8500円～、素泊まり5500円～、お弁当500円
なし

尾瀬沼の南岸、三平下に建つ山小屋。客室からは、尾瀬沼越しの燧ヶ岳を望む絶景が楽しめる。宿泊料金は個室・相部屋、時期によって異なるため、予約時に要確認。風呂あり（石鹸不可）。収容人数50人。

尾瀬沼《おぜぬま》ヒュッテ

☎0241-75-2350
（現地　090-7064-4183）

4月下旬～10月下旬
¥ 1泊2食9000円、素泊まり6500円、おにぎり800円
1人800円、28張、テント泊要予約（尾瀬沼キャンプ場）

檜枝岐村が経営する山小屋で、尾瀬沼の東岸に建つ。ウッドテラスから燧ヶ岳を一望し、最高のロケーションだ。尾瀬沼キャンプ場は予約が必要で、尾瀬沼ヒュッテの現地電話番号へ。風呂あり（石鹸不可）。収容人数約120人。

長蔵小屋《ちょうぞうごや》

☎0278-58-7100

4月下旬～10月下旬
¥ 1泊2食8000円、素泊まり5500円、弁当700円
尾瀬沼キャンプ場は尾瀬沼ヒュッテに問い合わせ

沼山峠から下った、尾瀬沼の東岸に建つ。昭和9年築、風情のある山小屋。4～6月、9～11月の寒冷期には暖房料金100円が追加される。風呂あり（石鹸不可）。収容人数約200人。近くの別館では、軽食が楽しめる。

第《だい》2長蔵小屋《ちょうぞうごや》

☎0278-58-7100

5月下旬～10月中旬
¥ 1泊2食8000円、弁当700円
尾瀬沼キャンプ場は尾瀬沼ヒュッテに問い合わせ

尾瀬ヶ原の西側、見晴に建つ山小屋。夕食時、今見られる花など、尾瀬沼・尾瀬ヶ原の現地情報を解説してくれるのが好評。風呂あり（石鹸不可）。収容人数約70人。

尾瀬小屋《おぜごや》

☎090-6254-2002
（現地　090-8921-8342）

5月中旬～10月中旬
¥ 1泊2食9000円、素泊まり6500円、弁当850円
見晴キャンプ場は燧小屋へ問い合わせ

尾瀬ヶ原の西側、見晴に建つ山小屋。尾瀬ヶ原と至仏山を望むテラスは絶景スポット。無料休憩所では、土産やインスタント食品を購入できるほか、生ビールや各種ドリンクを販売。風呂あり（石鹸不可）。収容人数約200人。

物見小屋《ものみごや》

☎0278-58-7043（営業期間のみ）
4月下旬～11月上旬の土日のみ、食事・軽食の販売
¥ 宿泊は行っていない
なし

凡例
山小屋の営業期間
¥ 山小屋の宿泊料金
テント場の情報

燧《ひうち》小《ご》屋《や》

☎090-9749-1319(現地)
（連絡所　0241-75-2059）

4月下旬～10月下旬
¥ 1泊2食9000円、素泊まり5500円、弁当800円
1人800円、100張

尾瀬ヶ原の西側の見晴で、少し奥まったところに建っているため、のんびりくつろげる。2015年に山小屋の屋根を修復。風呂あり（石鹸不可）、テント泊の利用者は入浴500円。収容人数約90人。

原《はら》の小《こ》屋《や》

☎090-8921-8314(現地)
（連絡所　0241-75-2038）

5月下旬～10月中旬
¥ 1泊2食9000円、素泊まり6000円、弁当800円
見晴キャンプ場は燧小屋へ問い合わせ

尾瀬ヶ原の西側、見晴に建つ山小屋。野菜中心の体にやさしい食事メニューで、檜枝岐村で採れた新鮮な食材も好評。別館の休憩所は、写真ギャラリーと売店になっている。風呂あり（石鹸不可）。収容人数約170人。

弥《や》四《し》郎《ろう》小《ご》屋《や》

☎0467-24-8040
（前橋案内所　027-221-4122）

4月下旬～10月下旬
¥ 1泊2食9000円、素泊まり6480円、弁当800円
見晴キャンプ場は燧小屋へ問い合わせ

尾瀬ヶ原の西側の見晴で、尾瀬ヶ原にいちばん近いところに建つ。本館と別館に分かれ、混雑時でなければ個室の利用も可能。コーヒースポットではおいしいパンも販売。風呂あり（石鹸不可）。収容人数約250人。

桧《ひの》枝《え》岐《また》小《ご》屋《や》

☎090-3405-6460
（案内所　0278-58-7050）

4月下旬～10月下旬
¥ 1泊2食9000円、素泊まり6000円、弁当800円
見晴キャンプ場は燧小屋へ問い合わせ

尾瀬ヶ原の西側、見晴に建つ。暖炉のある談話室でゆっくりした時間を過ごせる。喫茶「ひげくま」では軽食や、夏限定の冷やし中華、かき氷を楽しめる。風呂あり（石鹸不可）。収容人数約100人。

尾《お》瀬《ぜ》ロッジ

☎0278-58-4158
（現地　090-6944-2921）

GW前後、5月下旬～10月中旬
¥ 1泊2食9000円、素泊まり6000円、弁当700円
山の鼻キャンプ場は至仏山荘へ問い合わせ

尾瀬ヶ原の西側、山ノ鼻に建つ公営国民宿舎。部屋から尾瀬ヶ原の景色を眺めることができる好立地。喫茶コーナーでは生ビール、コーヒー、ココアなどを楽しめる。風呂あり（石鹸不可）。収容人数約100人。

龍《りゅう》宮《ぐう》小《ご》屋《や》

☎0278-58-7301

4月下旬～10月下旬
¥ 1泊2食9000円、素泊まり6300円、弁当800円
なし

尾瀬ヶ原の中央よりやや東側に位置する山小屋。小屋前の龍宮十字路の眺めは、東に燧ヶ岳、西に至仏山の絶景。7月初旬には近くの林でレンゲツツジが多く見られる。風呂あり（石鹸不可）。収容人数84人。

至《し》仏《ぶつ》山《さん》荘《そう》

☎0278-58-7311
（総合案内）

4月下旬～10月下旬
¥ 1泊2食8500円～、素泊まり5500円～、お弁当500円
1人800円、50張（山の鼻キャンプ場）

尾瀬ヶ原の西側、山ノ鼻に建つ山小屋。至仏山登山や尾瀬ヶ原散策に最適。売店や軽食も豊富で気軽に立ち寄れる。宿泊料金は個室・相部屋、時期によって異なるため、予約時に要確認。風呂あり（石鹸不可）。収容人数77人。

山《やま》の鼻《はな》小《ご》屋《や》

☎0278-58-7411

4月下旬～10月下旬
¥ 1泊2食8640円、素泊まり5400円、弁当650円
山の鼻キャンプ場は至仏山荘へ問い合わせ

尾瀬ヶ原の西側、山ノ鼻に建つ山小屋。軽食コーナーではまいたけご飯、上州豚丼、カツカレーなどが楽しめ、夏期にはこけももの果汁を使ったかき氷が好評。風呂あり（石鹸不可）。収容人数約100人。

会津《あいづ》駒《こま》の小屋《こや》

☎080-2024-5375

4月下旬～10月下旬
¥ 素泊まり3000円
なし

会津駒ヶ岳の山頂付近に建つ山小屋。素泊まりのみだが布団はあるので、寝具は不要。レトルトカレー（350円)、レトルトご飯（350円）のほか、おつまみやチョコレート、ビール、ジュースなどを販売。収容人数28人。

蓬《よもぎ》ヒュッテ

☎025-787-3268

6月1日～10月末
¥ 1泊2食7000円、素泊まり4500円、弁当600円
なし

蓬峠に建つ山小屋。谷川岳馬蹄形コースを歩く際に、中間地点として利用する人が多い。2015年に建て直してリニューアルオープン。小屋を休憩で利用する際は、お茶代として300円支払う。宿泊は要予約。収容人数20人。

熊穴沢《くまあなざわ》避難《ひなん》小屋《ごや》

☎0278-25-5031（みなかみ町役場観光商工課）

無人の避難小屋
¥ 収容人数約10人
なし

一《いち》ノ《の》倉岳《くらだけ》避難《ひなん》小屋《ごや》

☎0278-25-5031（みなかみ町役場観光商工課）

無人の避難小屋
¥ 収容人数約3人
なし

白樺《しらかば》避難《ひなん》小屋《ごや》

☎0278-25-5031（みなかみ町役場観光商工課）

無人の避難小屋 ¥収容人数約4人 なし

笠ヶ岳《かさがたけ》避難《ひなん》小屋《ごや》

☎0278-25-5031（みなかみ町役場観光商工課）

無人の避難小屋 ¥収容人数約5人 なし

オジカ沢《ざわ》ノ《の》頭《かしら》避難《ひなん》小屋《ごや》

☎0278-25-5031（みなかみ町役場観光商工課）

無人の避難小屋 ¥収容人数約5人 なし

鳩待《はとまち》山荘《さんそう》

☎0278-58-7311

4月下旬～10月中旬
¥ 1泊2食8500円～、素泊まり5500円、風呂あり（石鹸不可)、収容人数66人 なし

尾瀬《おぜ》御池《みいけ》ロッジ

☎0241-75-2350
（現地 090-7064-4184）

4月下旬～10月下旬
¥ 1泊2食9000円～、素泊まり6000円～、風呂あり（石鹸可)、収容人数約70人。 なし

清四郎《せいしろう》小屋《こや》

☎090-2558-0028

6月初旬～10月末
¥ 1泊2食8000円～、素泊まり4500円、風呂あり、収容人数25人 1張1000円、マイカー利用は500円

谷川岳《たにがわだけ》肩《かた》ノ小屋《こや》

☎090-3347-0802（8～16時）

5月1日～11月文化の日（宿泊は要予約）
¥ 1泊2食7500円、素泊まり2500円（寝具なし)、収容人数約30人 なし

平標山《たいらっぴょうやま》乃《の》家《いえ》

☎090-7832-0316

4月下旬～10月末
¥ 1泊2食7500円、素泊まり4000円
1人500円、5張

平標山の予約電話の受付は8時30分～15時30分。シュラフの貸し出し1000円。避難小屋を利用する際は、協力金2000円。シーズン中、テントスペースがいっぱいになることもあるので注意。収容人数25人。

茂倉岳《しげくらだけ》避難《ひなん》小屋《ごや》

☎025-784-4850
（湯沢町役場観光商工課）

無人の避難小屋
¥ 収容人数約20人
なし

清水峠《しみずとうげ》白崩《しらくずれ》避難《ひなん》小屋《ごや》

☎025-773-6665（南魚沼市商工観光課）

無人の避難小屋
¥ 収容人数約10人
なし

駒《こま》の小屋《こや》(越後駒ヶ岳《えちごこまがたけ》)

☎025-792-9754
(魚沼市役所商工観光課観光振興室)

- 夏期には管理人が不定期に駐在する避難小屋
- ¥ 協力金2000円
- 小屋が満員の場合のみ、5張ほどスペースあり

越後駒ヶ岳山頂直下に建つ避難小屋。6月～10月中旬で、管理人が不定期に駐在する。寝具の貸し出しは行っていないので持参すること。予約は不要だが、海の日前後や盆休み、紅葉時期には混雑するので注意。収容人数約40人。

大障子《おおしょうじ》避難《ひなん》小屋《ごや》

☎0278-25-5031(みなかみ町役場観光商工課)

無人の避難小屋 ¥収容人数約10人 なし

越路《こしじ》避難《ひなん》小屋《ごや》

☎025-784-4850(湯沢町役場観光商工課)

無人の避難小屋 ¥収容人数約7人 なし

エビス大黒《だいこく》ノ《の》頭《かしら》避難《ひなん》小屋《ごや》

☎0278-25-5031(みなかみ町役場観光商工課)

無人の避難小屋 ¥収容人数約3人 なし

八海山《はっかいさん》千本檜《せんぼんひのき》小屋《ごや》

☎080-5079-3375(現地)

7月～10月最終日曜 ¥1泊2食7000円、素泊まり2000円 1人500円、5張

八海山《はっかいさん》遥拝堂《ようはいどう》避難《ひなん》小屋《ごや》

☎025-773-6665(南魚沼市商工観光課)

無人の避難小屋 ¥収容人数約20人 なし

八海山《はっかいさん》六合目《ろくごうめ》女人堂《にょにんどう》

☎025-773-6665(南魚沼市商工観光課)

無人の避難小屋 ¥収容人数約20人 スペースあり

十字峡《じゅうじきょう》登山《とざん》センター

☎025-774-2200(しゃくなげ湖畔開発公社)

無人 ¥素泊まり1000円(寝具あり200円)、収容人数約20人 なし

中ノ岳《なかのだけ》避難《ひなん》小屋《ごや》

☎025-773-6665
(南魚沼市商工観光課)

無人の避難小屋 ¥協力金あり、収容人数約50人 なし

八海山《はっかいさん》霊泉《れいせん》小屋《ごや》

☎025-773-6665
(南魚沼市商工観光課)

無人の避難小屋 ¥収容人数約20人 なし

苗場山《なえばさん》自然体験《しぜんたいけん》交流《こうりゅう》センター

☎025-767-2202
(栄村役場秋山支所)

- 6月1日～10月下旬
- ¥ 1泊2食8800円、素泊まり6300円、弁当1000円
- なし

苗場山山頂付近に建つ山小屋。小屋前は広いテラスになっていて、朝夕の湿原を楽しむができる。小屋内で休憩を取る際は300円。20人以上の団体には割引もある。収容人数92人。

八海山《はっかいさん》避難《ひなん》小屋《ごや》

☎025-773-6665(南魚沼市商工観光課)

無人の避難小屋 ¥協力金あり、収容人数約30人 なし

巻機山《まきはたやま》避難《ひなん》小屋《ごや》

☎025-773-6665(南魚沼市商工観光課)

無人の避難小屋 ¥収容人数約30人 スペースあり

和田《わだ》小屋《ごや》

☎025-788-9221

6月上旬～10月下旬 ¥1泊2食7800円、風呂あり、収容人数45人 なし

峰ノ茶屋跡《みねのちゃやあと》避難《ひなん》小屋《ごや》(那須茶臼岳《なすちゃうすだけ》)

☎0287-23-6363(栃木県県北環境森林事務所)

- 無人の避難小屋
- ¥ 収容人数約10人
- なし

那須岳《なすだけ》避難《ひなん》小屋《ごや》

☎0287-23-6363(栃木県県北環境森林事務所)

- 無人の避難小屋
- ¥ 収容人数約10人
- なし

七色平《なないろだいら》避難《ひなん》小屋《ごや》(日光白根山《にっこうしらねさん》)

☎0288-21-1178(栃木県県西環境森林事務所)

無人の避難小屋 ¥収容人数約5人 なし

五色沼《ごしきぬま》避難《ひなん》小屋《ごや》(日光白根山《にっこうしらねさん》)

☎0288-21-1178(栃木県県西環境森林事務所)

無人の避難小屋 ¥収容人数約20人 なし

八合目《はちごうめ》避難《ひなん》小屋《ごや》(男体山《なんたいさん》)

☎0288-55-0017(日光二荒山神社中宮祠)

無人の避難小屋 ¥収容人数約3人 なし

【登山口】

大清水バス停

上越新幹線**上毛高原駅**　JR上越線**沼田駅**

約2時間
2650円

関越交通バス

約1時間
40分
2250円

大清水バス停

公共交通機関

上毛高原駅発の路線バスは本数が少ない。また、路線バスは大清水バス停まで直通のものもあるが、鎌田バス停で乗り継ぐものもある。直通のものは、鎌田バス停で5分ほどの休憩をはさむ。（関越交通バス沼田営業所☎0278-23-1111）

群馬県片品《かたしな》村に位置する。尾瀬沼への玄関口で、ここから尾瀬沼までは約2時間。上越新幹線上毛高原《じょうもうこうげん》駅や、JR上越線沼田駅から路線バスが出ている。また、5月下旬から10月下旬まで、新宿駅から高速バスも運行する。昼行便は4時間25分、4000円ほど（季節によって運賃が異なる。尾瀬高速バス案内センター☎0120-53-0215）。

マイカー情報

関越自動車道沼田ICから尾瀬戸倉《とくら》へ、戸倉から国道401号で大清水まで。大清水の駐車場は240台ほど（1日500円）あるが、登山シーズンには満車になることも。その際は戸倉周辺の駐車場を利用する。

鳩待峠バス停

上越新幹線**上毛高原駅**　JR上越線**沼田駅**

約1時間
50分
2450円

関越交通バス

約1時間
40分
2050円

戸倉バス停（鳩待峠バス連絡所）

関越交通バス、乗合タクシー

約25分
930円

鳩待峠バス停

群馬県片品村に位置する。尾瀬ヶ原への玄関口で、ここから尾瀬ヶ原まで約1時間。上越新幹線上毛高原駅やJR上越線沼田駅から路線バスが出ている。大清水バス停同様、新宿からの高速バスもある。

マイカー情報

登山シーズンの5～10月は鳩待峠《はとまちとうげ》から約2km（津奈木まで）は交通規制が実施されるので、戸倉に車を止め、バスに乗り換える。また、時期によって規制される曜日や時間が異なるので要確認（片品村尾瀬交通対策連絡協議会事務局☎0278-58-2112）。戸倉付近の駐車場は、尾瀬第一駐車場（約280台）、尾瀬第二駐車場（約250台）、尾瀬戸倉スキー場駐車場（約900台）があり、ともに1日1000円。戸倉から鳩待峠へのバスは1時間に1本ほど。約35分、930円。バスの乗車券で利用できる乗合タクシーも運行する。

公共交通機関

上毛高原駅発の路線バスは本数が少ない。路線バスは戸倉まで直通のものもあるが、鎌田バス停で乗り継ぐものもある。戸倉では路線バスまたは乗合タクシーに乗り換えて鳩待峠へ（関越交通バス沼田営業所☎0278-23-1111）。

沼山峠バス停

野岩《やがん》鉄道　**会津高原尾瀬口駅**

会津バス

約2時間10分
2410円

沼山峠バス停

公共交通機関

路線バスは本数があまり多くないので、電車との乗り継ぎに注意する（会津バス本社☎0242-22-5560）。

福島県檜《ひの》枝《え》岐《また》村に位置する。尾瀬沼への玄関口で、ここから尾瀬沼まで約1時間。会津高原尾瀬口駅から路線バスが出ている。また東武鉄道から企画列車として、専用連絡バスと乗り継ぐことができる夜行列車が運行されている（東武トップツアーズ予約センター☎03-5843-9615、東武鉄道お客さまセンター☎03-5962-0102）。

マイカー情報

尾瀬御《み》池《いけ》～沼山峠《ぬまやまとうげ》間は通年、一般車両が通行できないため、シャトルバス（約20分、520円）に乗り換える（福島県尾瀬自動車利用適正化連絡協議会☎0241-75-2500）。

尾瀬御池バス停

野岩鉄道　**会津高原尾瀬口駅**

会津バス　約2時間　2140円

尾瀬御池バス停

福島県檜枝岐村に位置し、尾瀬北側のアクセスの拠点になっている。尾瀬御池～沼山峠間は通年で車両規制が実施されているので、尾瀬御池からシャトルバスに乗り換える。

マイカー情報

東北自動車道西那須野塩原ICより、国道400号、121号、352号を継いで、檜枝岐温泉を経て、尾瀬御池まで（約420台、1日1000円）。また、尾瀬御池が満車の場合は七入《なないり》駐車場（約880台、シャトルバスあり）を利用する。

公共交通機関

路線バスはあまり本数が多くないので、電車との乗り継ぎに注意する（会津バス本社☎0242-22-5560）。

駒ヶ岳登山口バス停／キリンテバス停

会津駒ヶ岳の登山口。キリンテバス停までは約1時間20分、1790円（会津バス本社☎0242-22-5560）。滝沢登山口に駐車スペースあり。約20台。駒ヶ岳登山口バス停から徒歩30分のところに村営駐車場がある。

野岩鉄道　**会津高原尾瀬口駅**

会津バス　約1時間10分　1760円

駒ヶ岳登山口バス停

鷹ノ巣バス停／平ヶ岳登山口バス停

平ヶ岳の登山口で、登山口そばにもバス停がある。鷹ノ巣バス停付近に駐車スペースあり。約40台。

JR上越新幹線　**浦佐駅**

南越後観光バス　☎025-773-2573　約1時間20分　900円

奥只見ダム

奥只見観光（観光船）　☎025-795-2750　約40分　1150円

尾瀬口バス停

会津バス　☎0242-22-5560　約5分　380円

鷹ノ巣バス停

谷川岳ロープウェイバス停

上越新幹線**上毛高原駅**

関越交通バス　約45分　1150円

JR上越線**水上駅**

関越交通バス　約20分　670円

谷川岳ロープウェイバス停

上越新幹線上毛高原駅やJR上越線水上駅から路線バスが出ている。また、両駅からの往復バスとロープウェイ乗車券がセットになったお得な切符もある。みなかみ町観光協会（上毛高原駅前）、水上温泉旅館組合（水上駅前）で購入可能（関越交通バス水上営業所☎0278-72-3135）。

マイカー情報

関越自動車道水上ICより国道291号を谷川岳方面へ。駐車場あり、約1500台。1日小型車500円、大型車1000円（12～4月、小型車1000円）。

公共交通機関

谷川岳ロープウェイは所要時間約15分、片道1230円、往復2060円。天神峠からのリフトは夏季のみ運行で片道410円、往復720円（谷川岳ロープウェイ☎0278-72-3575）。

土合橋バス停

西黒尾根や白毛門《しらがもん》のアプローチ地点となる。上毛高原駅を出たバスが水上駅を経由する（関越交通バス水上営業所☎0278-72-3135）。土合橋《どあいばし》のそばに駐車スペース約50台。

上越新幹線**上毛高原駅**　JR上越線**水上駅**

約40分　1100円　**関越交通バス**　約15分　640円

土合橋バス停

平標登山口バス停

平標山《たいらっぴょうやま》の登山口。苗場プリンスホテル行きの路線バスを利用（南越後観光バス六日町営業所☎025-773-2573）。付近に有料駐車場あり、1日500円。約150台。

上越新幹線　**越後湯沢駅**

南越後観光バス　約35分　580円

平標登山口バス停

枝折峠頂上バス停

越後駒ヶ岳の主要な登山口。路線バスは1日1往復のみ（南越後観光バス小出営業所☎025-792-8114）。駐車スペースは約30台。

JR上越線　**小出駅**

南越後観光バス　約1時間5分　700円

枝折峠バス停

十字峡登山センター

越後駒ヶ岳、中ノ岳を縦走する際に利用する地点。路線バスはないので、一番近いJR上越線六日町駅よりタクシーを利用。約30分、約8000円（六日町タクシー☎025-772-2550、銀嶺タクシー☎025-772-2440）。駐車スペースは10台ほど。

JR上越線　**六日町駅**

タクシー　約30分　約8000円

十字峡登山センター

八海山スキー場バス停／中手原バス停

八海山スキー場に約1000台の駐車場。冬季は有料1日500円。六日町駅～中手原バス停は、約22分・390円（南越後観光バス六日町営業所☎025-773-2573）。

JR上越線　**六日町駅**

南越後観光バス　約30分　420円

八海山スキー場バス停

清水バス停

巻機山《まきはたやま》のアプローチ地点となる場所。路線バスは1日3便ほど（南越後観光バス六日町営業所☎025-773-2573）。登山口付近の桜坂駐車場は約50台。

JR上越線　**六日町駅**

南越後観光バス　約30分　470円

清水バス停

丸沼高原スキー場バス停

日光白根山の西側の登山口。駐車場は丸沼高原スキー場にある(冬季有料500円)。日光白根山ロープウェイは所要時間約15分、片道1100円、往復2000円(日光白根山ロープウェイ☎0278-58-2211)。

上越新幹線**上毛高原駅**　JR上越線**沼田駅**

約1時間30分 1950円　**関越交通バス**　約1時間 1550円

鎌田バス停

関越交通バス　約30分 860円

丸沼高原スキー場

和田小屋

苗場山のアプローチ地点となる場所。路線バスはないのでタクシーを利用する。越後湯沢駅から約25分、約4000円（ゆざわタクシー☎025-784-2660)。かぐらスキー場町営駐車場に約30台。

上越新幹線　**越後湯沢駅**

タクシー　約25分 約4000円

和田小屋

二荒山神社前バス停

男体山の登山口。二荒山《ふたらさん》神社で入山料500円を納める。1時間に1本ほど。日光駅から中禅寺湖を経由する（東武バス日光営業所☎0288-54-1138)。駐車場は二荒山神社にある。

日光駅

東武バス　約50分 1150円

二荒山神社バス停

奥日光湯元温泉バス停

日光白根山の東側の登山口。路線バスは中禅寺湖を経由する。区間内は1日、自由に乗降できる湯元温泉フリーパスを利用してもよい（湯元温泉フリーパス大人3000円、東武バス日光営業所☎0288-54-1138）駐車場はバス停付近に複数あり。

日光駅

東武バス　約1時間10分 1700円

奥日光湯元温泉バス停

山麓駅前バス停

那須塩原駅　**黒磯駅**

約1時間10分 1400円　**東野交通**　約1時間 1350円

山麓駅前バス停

那須ロープウェイ前のバス停。観光客も多く訪れる場所で、紅葉の時期にはロープウェイが時間待ちになることもある。那須ロープウェイの所要時間は約4分、片道750円、往復1300円（那須ロープウェイ☎0287-76-2449)。

マイカー情報

東北自動車道那須ICより約30分、ボルケーノハイウェイの終点まで。駐車場は周辺に約1000台。紅葉の時期にはボルケーノハイウェイが渋滞し、駐車場も早朝に満車になることもあるので注意。

公共交通機関

路線バスは1時間に1本ほど。那須高原フリーパス券の利用もおすすめ。2日間有効で乗り放題、大人2600円。ロープウェイで提示すると往復運賃が1割引になる。購入は東野交通黒磯営業所（黒磯駅西口）か、那須塩原駅停車中の路線バス車内にて（東野交通本社営業所☎028-661-2251、黒磯営業所☎0287-62-0858)。

写真・取材・執筆

西田省三（にしだ・しょうぞう）

1978年、千葉県生まれ。山岳写真家。美しい山岳風景を追い求め、国内外問わず精力的に撮影し、山岳誌や写真誌などに作品を多数発表。南アルプス全域、北アルプス双六岳・雲ノ平、谷川岳を作品撮影の中心に、日本各地の百名山および名山の撮影を続ける。それぞれの山の個性や特徴を写し出すことを得意とする。おもな著書に『ブルーガイド山旅ルートガイド　北アルプス南部―槍・穂高連峰―』『厳選　雪山登山ルートガイド集』『日本の山　究極の絶景ガイド』（山と溪谷社）、共著に『関東　日帰りの山ベスト100』（実業之日本社）『ヤマケイアルペンガイド14　谷川岳・越後・上信越の山』（山と溪谷社）などがある。

編集　池田菜津美
装丁・本文デザイン　松倉　浩、鈴木友佳
地図製作　㈱千秋社

ブルーガイド　山旅ルートガイド

尾瀬《おぜ》・日光《にっこう》・谷《たに》川《がわ》岳《だけ》

2016年4月20日　初版第1刷発行

著　者　西田省三
発行者　増田義和
発行所　実業之日本社
〒104-8233 東京都中央区京橋3-7-5 京橋スクエア
☎03-3535-2393（編集）
☎03-3535-4441（販売）
http://www.j-n.co.jp/
印刷所　大日本印刷㈱
製本所　㈱ブックアート
DTP　㈱千秋社

●実業之日本社のプライバシーポリシーは上記ウェブサイトをご覧ください。
●本書の地図の作成に当たっては、国土地理院長の承認を得て、同院発行の数値地図（国土基本情報）電子国土基本図（地図情報）、数値地図（国土基本情報）電子国土基本図（地名情報）、数値地図（国土基本情報）基盤地図情報（数値標高モデル）及び数値地図（国土基本情報20万）を使用しました。（承認番号　平27情使、第994号）
●本書に掲載の記事、写真、地図、図版などについて、一部あるいは全部を無断で複写・複製（コピー、スキャン、デジタル化等）・転載することは、法律で認められた場合を除き、禁じられています。また、購入者以外の第三者によるいかなる電子複製も一切認められておりません。
●落丁・乱丁の場合はお取り替えいたします。
●定価はカバーに表示しております。
©Shozo Nishida 2016, Printed in Japan
ISBN978-4-408-00171-5